U0815494

冠军成长之路

讲述冠军成长故事　传递铸魂育人力量

首都体育学院“以体育人”大思政课丛书

首都体育学院“以体育人”大思政课丛书

冠军成长之路

首都体育学院 组编

中国发展出版社
CHINA DEVELOPMENT PRESS

图书在版编目（CIP）数据

冠军成长之路 / 首都体育学院组编. -- 北京：中国发展出版社，2024. 12. --（首都体育学院“以体育人”大思政课丛书）. -- ISBN 978-7-5177-1439-2

Ⅰ. G641

中国国家版本馆CIP数据核字第2024PB0097号

书　　名： 冠军成长之路
著作责任者： 首都体育学院
责 任 编 辑： 钟紫君
出 版 发 行： 中国发展出版社
联 系 地 址： 北京经济技术开发区荣华中路22号亦城财富中心1号楼8层（100176）
标 准 书 号： ISBN 978-7-5177-1439-2
经　销　者： 各地新华书店
印　刷　者： 北京华联印刷有限公司
开　　本： 889mm×1194mm　1/16
印　　张： 16.5
字　　数： 380 千字
版　　次： 2024 年 12 月第 1 版
印　　次： 2024 年 12 月第 1 次印刷
定　　价： 88.00 元

联 系 电 话：（010）68990535　68990625
购 书 热 线：（010）68990682　68990686
网 络 订 购： http://zgfzcbs.tmall.com
网 购 电 话：（010）68990639　88333349
本 社 网 址： http://www.develpress.com
电 子 邮 件： 10561295@163.com

首都体育学院“以体育人”大思政课丛书

编委会

以挑戰者精神拼搏創新

习近平总书记指出："'大思政课'我们要善用之，一定要跟现实结合起来。"① 为贯彻落实习近平总书记重要指示精神和党中央决策部署，教育部等十部门印发《全面推进"大思政课"建设的工作方案》，强调充分调动全社会力量和资源，推动思政小课堂与社会大课堂相结合。

习近平总书记强调："体育在提高人民身体素质和健康水平、促进人的全面发展，丰富人民精神文化生活、推动经济社会发展，激励全国各族人民弘扬追求卓越、突破自我的精神方面，都有着不可替代的重要作用"。② 首都体育学院党委切实贯彻"大思政课"理念，遵循"大思政课"的建设规律和运行逻辑，在大思政课建设过程中，以建设体育强国为己任，调动一切育人主体、发掘一切育人资源、形成强大育人合力，充分发挥体育育人特色，将体育精神贯穿到大思政课建设的全过程，达到润物无声的育人效果，努力培养新时代的体育人。

突出建设体育强国的使命担当。首都体育学院党委以服务建设体育强国为己任，努力将学校打造成国际奥林匹克教育研究推广的国家队、体育强国和健康中国战略实施的主力军、体育科技创新的排头兵，并将"体育承载着国家强盛、民族振兴的梦想"的理想信念，将发挥体育在实现中华民族伟大复兴中的重要作用，将新时代体育强国建设目标，融入教书育人当中。

突出构筑全员育人的责任意识。大思政课建设是一项

① 《坚守为党育人为国育才　善用"大思政课"培根铸魂》，《人民日报》，2021 年 12 月 26 日。

② 《加快建设体育强国步伐，总书记这样强调》，求是网，2022 年 4 月 9 日。

系统性工程，也是全校各部门和全体教职员工的共同责任。学校各级党组织、各部门单位党政主要负责人主动扛起立德树人责任，各教学单位负责人、各专业负责人主动扛起大思政课建设责任，形成了党委统一领导、各部门密切配合、二级学院推进落实、全员参与育人的有效工作格局。

深入挖掘“冠军精神”融入大思政课建设。学校现有张霞、谢军、杨秀丽等数10位拥有奥运冠军、世界冠军、全国冠军等冠军头衔的教师。一个故事胜过一打道理，每一位冠军教师的成长故事，都为大思政课建设提供了丰沛的源头活水。诸多事例，信手拈来，深入挖掘每一位冠军教师顽强拼搏、为国争光的“冠军精神”作为育人元素，学生既能学习理论知识，又有现实中的事例与之呼应。

每一个体育项目的冠军，在各自的领域都取得了不同凡响的成绩，而高度一致的是，他们都有一股奋勇拼搏的精神、一股永不言败的力量。《冠军成长之路》一书深入挖掘学校41位冠军教师的成长事迹，通过讲述他们在冠军成长路上百折不挠、顽强拼搏的励志故事，积极打造浸润式“体育＋思政”育人模式，推进以体育人、以体化人，推动冠军精神进课堂、进头脑，引领青年学子弘扬敢于挑战、永不言败的冠军精神，勇担新时代体育人光荣使命，不忘初心，砥砺前行，为中华民族伟大复兴汇聚磅礴青春力量。为了使广大读者能够阅读最准确、最精良的内容，同时出于对采访团队的保护和尊重，我们特此声明，本书中41位冠军都是我校教师，图片版权归我校所有。

本书编委会

2024年12月于北京

目录 | Contents

目录 | Contents

目录 | Contents

张霞 / 新时代体育人的奋斗之路

2022 年 2 月 3 日，张霞荣获国际奥委会 2021 年“妇女与体育奖亚洲奖”

在人生的舞台上，机会犹如一艘穿越时光的航船，总是青睐于那些有准备、有思想、敢创新、敢拼搏的人。

——张霞

张霞，中国第一位女子摔跤世界冠军，国家级教练，摔跤项目奥运级裁判。现任首都体育学院党委副书记、院长，中国体育发展战略研究会常务理事，中国体育科学学会常务理事、国际交往工作委员会主任委员，国际大学生体育联合会教育委员会顾问组成员。曾任世界摔跤联合会执委、中国摔跤协会主席、中国奥委会委员、北京市体育局副局长等职务。

运动员时期，张霞曾获得柔道、摔跤两个项目共 10 次全国冠军。1991 年在日本东京举行的世界摔跤锦标赛上，张霞一举夺得女子摔跤 53KG 级冠军，成为中国首位女子摔跤世界冠军。退役后，她成功转型为一名优秀的教练员，带领队员共取得奥运冠军 1 人次、世界冠军 18 人次、亚洲冠军 3 人次、全国冠军 75 人次。先后以裁判员、技术代表和世界摔跤联合会执委身份参加过 5 届奥运会和 5 届亚运会。2008 年北京奥运会期间获国际单项组织裁判最高奖项“金哨奖”。2022 年北京冬奥会前夕，被国际奥委会授予“妇女与体育奖亚洲奖”。

璀璨星途：张霞的摔跤之旅

1988年，一次偶然的机会，张霞作为一名柔道运动员，开始转入摔跤项目。仅仅3年后，她就参加了在日本东京举行的第三届世界女子摔跤锦标赛。张霞回忆道，当教练问到她第一次出国参加比赛的感觉时，她就说了一句话："什么都练到位了，技术、战术、心理素质全部到位了，如果我们要再拿不上冠军，那就是见鬼了。"就是靠这样一种自信，她在这次比赛中战胜了劲敌日本选手，夺得冠军，成为我国体育史上第一个女子摔跤世界冠军。

赛后，张霞隐退做起了中国女子摔跤队教练，一年后，她带的5名队员便拿了4个冠军。1993年张霞带队赴挪威参加比赛，3名参赛选手均以绝对优势夺得冠军。

"在经历了运动员和教练员两种角色后，我想尝试做一名裁判。"2002年，张霞如愿考取了摔跤国际一级裁判员资格证。2003年考取了摔跤国际特级裁判员资格证，开始在亚洲和世界级的大型比赛中执裁。在长期的裁判工作中，张霞也凭借自身出色的工作能力，获得了各方好评。

从女性运动员到女性体育官员的华丽转身

2017年12月，时任北京市体育局副局长的张霞成功当选新一届中国摔跤协会主席，肩负起比以往更重大的责任。她不仅要积极响应国家体育总局提出的"以备战促改革、以改革强备战"的要求，还要推进体育社团改革，加强对东京奥运会备战工作的领导。这是充满挑战的一个时期，也是她迎难而上的新起点。张霞表示，"要全力抓好国家摔跤队东京奥运会周期的备战工作，以实际行动践行为国争光的承诺。"张霞的语气中充满了使命感，她以冷静坚实的步伐履行着自己的责任。

2021年，张霞在北京国际奥林匹克学院揭牌仪式现场

2018年10月19日，在匈牙利布达佩斯召开的国际摔跤联合会代表大会上，首次参加竞选的中国摔跤协会主席张霞成功当选国际摔跤联合会执委。张霞对此表示："这是中国摔跤运动的里程碑

和新起点，我将全力开创中国摔跤事业新局面并走向新的辉煌。”这句话不仅代表了她个人的豪情壮志，更体现了她对中国摔跤事业的深切期许。她的当选不仅是中国体育的荣耀，更是摔跤运动发展中一个时代的见证。“往者不可谏，来者犹可追”，张霞以豁达的心态和坚定的信念，引领中国摔跤队不断向前，努力走出了一条崭新的成功之路。

超越自我：张霞的“妇女与体育奖”之旅

2022 年 2 月 3 日，国际奥委会第 139 次全会宣布，首都体育学院院长张霞荣获国际奥委会 2021 年“妇女与体育奖亚洲奖”。

国际奥委会在颁奖词中提到：张霞女士目前担任首都体育学院院长，由首都体育学院负责筹建的北京国际奥林匹克学院已被国际奥委会纳入全球奥林匹克研究机构。张霞女士计划通过她的职务和她担任的国际摔跤联合会执委的角色，继续支持和指导女性提升管理能力和行政能力，赋予女性体育官员更多权利。

该奖项的公布正处于 2022 年北京冬奥会开幕前夕，意义重大、影响深远。冬奥会是世界人民共同的体育盛会，传递了团结友爱、公平竞争、相互理解的奥林匹克精神。张霞获得该奖项，一方面体现了国际奥委会对中国体育的充分肯定和支持，另一方面也向全世界展现了新时代中国女性独立自主、勇于进取的精神风貌，展现了中国体育人勇攀高峰、追求卓越的风采魅力。

2023 年 3 月，在第 113 个国际劳动妇女节来临之际，在学校党委的大力支持下，张霞将国际奥委会奖励她个人的 3 万美元全部捐给学校，用于首都体育学院（北京国际奥林匹克学院）“奥林匹克女性发展基金”的发展。该基金通过举办奥林匹克女性发展系列活动，旨在提升女性领导力和管理水平，让更多女性和青少年参与体育运动，感受奥林匹克价值观，弘扬中华体育精神。同时，设立“奥林匹克女性发展贡献奖”，用于奖励为奥林匹克运动发展和学校建设作出突出贡献的学校女性教职工；鼓励更多德才兼备的优秀女教师追求卓越，为学校高质量发展贡献更多巾帼力量。

2022 年国际奥委会宣布“妇女与体育奖”的影像资料

履职尽责：倾情专注于体育教育事业发展

从2021年6月开始，张霞担任首都体育学院党委副书记、院长。随着新职务的任命，在这个充满激情和挑战的领域，她迅速适应岗位需求，用心履职尽责，为体育教育事业倾注真挚的热情。

2022年2月2日，张霞作为2022年北京冬奥会火炬手，在北京冬奥公园参加了2022年北京冬奥会火炬接力。

熊熊燃烧的圣火，正如首都体育学院（北京国际奥林匹克学院）全力服务保障冬奥会的热情、全情投入体育事业的决心、全心传递奥林匹克精神的理想和信念！首都体育学院科技团队、奥林匹克教育团队、志愿者团队、NTO团队、演职人员团队、管理服务团队等2000多名师生不负体育人的光荣和使命，在北京冬奥会、冬残奥会的岗位上发光发热，在建设中华体育精神与奥林匹克精神融合发展的世界一流体育大学的道路上勇毅前行！

为了更好地践行习近平文化思想，传承和发扬中华传统体育文化，2023年10月，张霞率领首都体育学院“华夏风 功夫情”武术海外巡演团，走进沙特阿拉伯首所孔子学院所在的沙特苏尔坦亲王大学，开启了一场精彩的文化交流之旅。

巡演不仅是一场武术文化的展示，更是一次文明对话和友谊之旅。首都体育学院巡演团秉承着“以挑战者精神拼搏创新”的校训，勇担新时代体育人的光荣使命，充分发挥“武舞”融合专业特色优势，讲好中国故事，传递好中国声音，传播好中国文化。

2023年暑期，杭州亚运会召开之际，张霞代表学校党委亲赴杭州，为忙碌工作的师生们送上祝福：“愿你们努力奉献，冲破难关、创造佳绩。”

张霞关切地询问师生们的工作、生活情况，为一线师生送上鼓励和祝福，她期望师生们在服务亚运会的过程中，能够实现自身的全面发展，成为国家和社会需要的人才。她表示，“服务亚运会，不仅是一次锻炼团队合作能力、提高服务水平的经历，更是一次提升自我、实现人生价值的机会。希望你们在赛事服务中不断成长，锤炼自我，努力实现自身的全面发展”。

在2023届毕业典礼上，张霞这样寄语首

2022年2月2日，张霞参加2022年北京冬奥会火炬接力

2023 年 10 月，张霞率领学校巡演团赴沙特阿拉伯开展文化交流活动

2023 年 9 月，张霞赴杭州亚运会比赛场馆慰问学校赛事服务师生

都体育学院的青年："在人生的舞台上，机会犹如一艘穿越时光的航船，总是青睐于那些有准备、有思想、敢创新、敢拼搏的人。青年一代应该将自身的发展融入与时代同频共振的节拍中，融入强国建设的主战场，融入中国式现代化的壮美画卷。在时代的长河中，青年是社会的中流砥柱，是时代的接力人。发展体育事业，关键是要有好的体育人才。你们要始终怀揣着全心全意为人民服务的初心，走进基层，深入一线，去摔打磨练，在实践中砥砺前行、增长本领、无畏无惧，勇敢面对人生中的各种考验。"这种勇往直前的奋进姿态，不仅是张霞对青年学生们的殷切期望，更是对自身的一种鞭策。

张霞为毕业生授礼

在不同的人生阶段，张霞都用她的智慧、坚韧和热情，为中国体育和教育事业注入自己的力量。如今，新时代体育人张霞的奋斗故事还在首都体育学院续写……

（本文由学生记者周志伟采写整理）

谢军 / 国际象棋成就了我

谢军在首都体育学院 2023 级新生开学典礼上致辞

想哭，那种为国争光的心情是激动的。

——谢军

谢军，1970 年 10 月出生于北京市，中国女子国际象棋国际大师，国际女子象棋世界冠军，国际棋联副主席，曾任首都体育学院副院长。

谢军分别在 1991 年、1993 年、1999 年、2000 年四次获得女子国际象棋世界冠军，1998 年、2000 年、2004 年在国际象棋奥林匹克团体赛中与队友合作获得女子团体世界冠军。1991 年被国际棋联授予“世界冠军”金奖，同年被全国妇联授予“全国三八红旗手”称号，被共青团中央授予“全国新长征突击手”称号，被北京市人民政府授予北京市劳动模范称号，曾三次获年度“全国十佳运动员”称号。

世界冠军的成长之路

2023 年谢军作为世界国际象棋联合会副主席出访哈萨克斯坦阿斯塔纳市参加国际象棋男子世界冠军赛决赛及相关会议（1）

1991 年 10 月 30 日，在菲律宾首都马尼拉，年仅 21 岁的谢军战胜了玛雅·齐布尔达尼泽，成为历史上第七位女子国际象棋世界冠军，女子国际象棋世界冠军的史册上从此有了中国人的名字。此后，她三次加冕世界个人冠军，并作为主力棋手帮助中国女队三次登上国际象棋奥林匹克团体赛的最高领奖台。回想那段沸腾的日子，谢军平静地说："很幸运成为打破欧美垄断国际象棋项目的那个破窗人，但那是强大的集体力量帮助我取得了成绩。运动员是一项需要全力以赴投入的工作，青春无悔。"当谈到站在世界级领奖台上的感受时，谢军却激动地说："想哭，那种为国争光的心情是激动的。"

谢军受到父亲和家庭环境的影响，从小就喜欢下象棋，1980 年获得了北京市象棋赛的女子儿童组冠军，也正是从那一年，谢军开始学习国际象棋，那是她国际象棋冠军成长之路的第一个转折点。1982 年，谢军加入北京市国际象棋队，那年谢军刚刚 12 岁，获得北京市第六届运动会成人组国际象棋女子冠军。次年就获得了全国女子强手赛前八名的好成绩，1984—1985 年蝉联全国女子少年赛冠军。1990 年 7 月，谢军在马来西亚女子世界冠军区际赛中以第二名的好成绩荣获女子国际象棋国际大师称号。1993 年在摩纳哥战胜谢里阿妮夺得冠军，1998 年，谢军代表中国队参加国际象棋奥林匹克团体赛，以 29 分的成绩获得女子组冠军，夺得“国际维拉·明契克流动奖杯”，这是我国第一次获得此项赛事冠军。1999 年，在中国沈阳及俄罗斯喀山举行的世界冠军对抗赛中，谢军战胜俄罗斯选手加利亚莫娃，再次夺得女子个人世界冠军。2000 年，在印度新德里成为新赛制后的首位女子个人世界冠军。

扎实的求学经历

谢军先后在北京师范大学获得了学士、硕士、博士学位，后又跟随教育学家顾明远先生和体育外交专家何振梁先生经历了两段博士后的科研工作。作为一名一线运动员，年轻的谢军同时把下棋、读书两件事都坚持了下来，并且做得很好。在北京师范大学，她不仅要和普通学生一样，完成各个学科的学习任务和考核，还要分秒必争地练习下棋，其中辛苦自不必说，但她认为正是这段岁月，让她从骨子里多了一份坚韧与平和。回忆在北京师范大学的求学经历，谢军觉得最为幸运的是先后遇到的几位恩师，不吝赐教令其受益颇多。从几位恩师身上，谢军学到的不仅仅是书本上的知识，更多的是言传身教中得到的人生启迪。1991 年参加世界冠军赛时，谢军就积极向恩师何振梁先生请教，谢军说，“与何振梁先生的对话，到现在都记忆犹新，印象非常深刻。作为体育外交专家的何振梁先生用自身言行指导我学到了很多东西，这些对于我当选国际棋联副主席，日后更好地开展工作有莫大的帮助！”

2023 年谢军作为世界国际象棋联合会副主席出访哈萨克斯坦阿斯塔纳市参加国际象棋男子世界冠军赛决赛及相关会议（2）

身份的转变

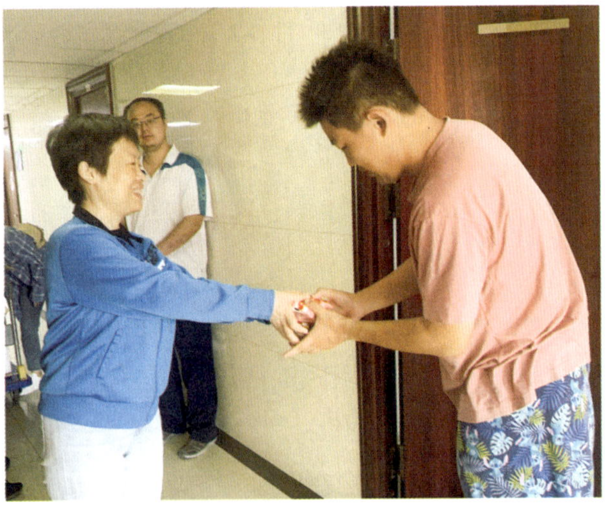
谢军在首都体育学院慰问学生

2022 年 8 月，在印度钦奈举行的 2022 年国际棋联代表大会上，谢军从 13 位副主席候选人中脱颖而出，以总票数第一的投票结果当选新一任国际棋联副主席。面对自己热爱的国际象棋事业，谢军表示：“首先要感谢国际棋联和世界各国棋联对自己的认可，当选国际棋联副主席，对我来说是一件很荣耀的事情，这也是国际棋联对中国国际象棋的高度认可。国际棋联的模式，是以国际象棋为平台，通过高水平赛事和社会传播来推动更深入的交流，我们也要积极践行这样的理念。未来，我会在国际棋联代表中国国际象棋更好地发声。”

和其他竞技体育项目相比，国际象棋有着属于这个项目的独特之处。谢军认为，正是国际象棋独特的文化内涵，塑造了自己的内在人格：“国际象棋属于智力运动的一种，因此，就决定了这个项目不像其他竞技体育，具有特别强的对抗性，但是对国际象棋运动员本身来讲，和其他运动员一样，都有一种特别能拼搏的冲劲，因为运动员不仅要战胜对手，还要在夺冠后时刻捍卫荣誉。我觉得也正是这种敢于拼搏的冲劲，使我即便是离开了赛场，我也能带着这股劲头去做别的事情，并且激励我要做得更好。”于是，谢军转型做其他事情的时候，也带着这股劲头，越做越好。谢军回忆说，在她离开赛场初期，身边有很多不同的意见和看法，但谢军坚持敢于拼搏不放弃，听取旁人的建议，不断改进，朝着更好的目标迈进，坚定不移地做下去。

当谈到自己的多重身份时，谢军笑着说：“我的硕博专业是体育学、教育学，作为北京棋院院长、国际棋联副主席，能够在日常工作中推广和传播国际象棋，这对于我来讲是非常开心且自豪的事情，我希望能够用我的实际行动，帮助中国国际象棋发展得更好。”

2010 年，谢军在首都体育学院任副院长，

谢军在首都体育学院为青年教师讲思政课

她表示自己本来就是学教育的，现在搞教育，正合适。她也一直在思考探索如何从自身的工作经历中汲取更多养分，在未来的教育事业和国际象棋发展中发挥作用。她认为未来体育教育将更加注重个性化和多元化，要满足不同学生的需求和兴趣，同时，体育教育也将与科技、健康等领域更加紧密地结合，形成跨学科的教育模式。校内校外，谢军将自己的精力投入教育事业中来，在学校大大小小的活动上，总能看到她忙碌的身影，通过点滴的辛勤工作，展现着不惧风雨挑战的冠军精神，影响着一批又一批学生。

时间会见证中国国际象棋

谢军认为，国际象棋在我国的发展是和国家的发展紧密关联的。中华人民共和国成立后的 20 多年时间里，即便我国在国际象棋这条道路上不断探索，依然难出成绩。但现在我国国际象棋已经取得了亮眼的成绩，2023 年丁立人加冕世界棋王头衔，我国国际象棋“四步走”的目标也已经达成。

谢军对我国不断涌现出的优秀运动员表示欣慰，作为我国第一位国际象棋女子世界冠军，她为我国在国际象棋赛事上取得的优异成绩由衷地感到自豪和骄傲，并相信在不久的将来，中国国际象棋会像其他竞技体育项目一样，不断涌现出越来越多的世界冠军。作为国际棋联副主席，她也持续关注着中国国际象棋未来的发展，为推动国际象棋文化建设、人才培养和产业化发展贡献自己的力量。

（本文由学生记者李彤采写整理）

赵庆建 / 以武育人，满腔热忱只为热爱

2008 年北京奥运会武术比赛运动员入场，赵庆建向观众挥手致意

传统武术文化想要立足国内走向世界，唯有依靠武术传承人发挥自身力量，转变思想，优化传统套路，只有这样才能把经历千年历史文化积淀的传统武术文化广泛传播，增强我国在国际竞争中的文化力量。

——赵庆建

赵庆建，1978 年出生于山东省泰安市东平县，中共党员，首都体育学院武术与表演学院武术教师，北京市教育系统“教书育人榜样”，全国党建样板支部成员，中国关心下一代健康少儿武学传承研究院副院长，北京市大学生体育协会武术分会副秘书长，纽约国际武术锦标赛形象大使，美国武术家协会名誉会长。赵庆建自 6 岁起习武，先后进入少林寺表演团和武汉体育学院武术代表队，毕业后签约北京武术队。获得 2008 年北京奥运会武术比赛全能冠军，多次蝉联世界武术锦标赛冠军。

有这样一位武术传承人

1978年，赵庆建出生在山东省泰安市东平县，自六岁起习武，先后进入少林寺表演团和武汉体育学院武术代表队。毕业后签约北京武术队，从此开始了专业武术生涯，获得2008年北京奥运会武术比赛刀术、棍术比赛全能冠军，并多次蝉联世界武术锦标赛冠军。

有这样一位武术教师，他是光荣的中国共产党党员，首都体育学院武术与表演学院武术教师，北京市教育系统“教书育人榜样”，全国党建样板支部成员，中国关心下一代健康少儿武学传承研究院副院长，北京市大学生体育协会武术分会副秘书长，纽约国际武术锦标赛形象大使，美国武术家协会名誉会长。他以学生为本，以武育人17载，坚守教学一线，始终把国家需要作为初心目标，培养了一批具有家国情怀、国际视野的复合型武术人才。

2021年，赵庆建受邀参加北京市奥运明星绿色低碳宣传队

要把武术精神传播到世界各地

见过赵庆建的人，都会觉得他亲切，感受到他对武术的极其热爱。

赵庆建少年时就进入少林寺学习武术，勤学苦练中深感流传千年的中华武术博大精深。在少林寺的六年间，他跟随武术表演团走遍了亚洲、欧洲及美洲等多个国家，由此激发了他心中的梦想，即把武术精神传播到世界各地。于是，这颗传承和弘扬武术文化的种子便在他的心中开始萌芽。为了更好地学习武术，赵庆建加入了武汉体育学院武术代表队，开始了自己的竞技武术生涯。在武汉体育学院代表队的四年间，他不断地提升自己的专业知识水平，积极参与全国各项武术比赛，多次获得冠军，成为全国武术圈的一匹黑马，很快就被他的“伯乐”——时任中国武术协会副主席、北京武术队首任总教练吴彬发现，并于1999年进入北京武术队训练，自此开始了职业武术生涯。

随后，他没有辜负总教练吴彬的青睐，

从全国武术锦标赛、全运会、亚锦赛、世锦赛，一直到2008年北京奥运会武术比赛中都荣获了冠军，实现了“大满贯”。2001年，得知2008年的奥运会主办国家是中国，并将开设武术比赛时，赵庆建热血沸腾，此时不搏更待何时？“30岁的参赛年龄在武术套路运动员中，那绝对是属于老将了，想要取得更高的武术成就，必然要经受更严峻的考验。”奥运前长时间的超量训练，运动伤痛加上心理压力，更使他痛苦不堪。但赵庆建凭着扬我中华武魂、展我武术新风的精神，更是带着一种自强不息的中华民族精神投入训练和比赛中。功夫不负有心人，他在奥运赛场上夺得了武术冠军！“奥运夺冠，这是对自己的交代，更是回馈国家，回馈这一路走来每一个帮助过我的人。”赵庆建如是说。

赵庆建在2008年北京奥运会武术比赛冠军领奖台上

三位一体：功法、套路、攻防

“竞技武术固然有限，但弘扬中华武术是无限的！”赵庆建有了新的人生目标。奥运会结束一年后，他来到首都体育学院武术与表演学院成为一名武术教师，以培养更多的武术运动员和传播武术精神为目的，开展武术教学。“作为武术奥运冠军，沉甸甸的武术使命感激励我在10余年的教学工作中，培养出了许多优秀的学生。”赵庆建自豪地述说着他的经历。在他所培养的学生当中，包括武术健将10余人，一级运动员30余人。同时他还积极践行为党育人，培养的学生有的成为了人民教师，像他一样继续为党育人、为国育才；有的成为了特警队员，成为了祖国的蓝衣卫士；还有的走向了其他行业，纷纷在自己的领域中取得骄人成绩。经验慢慢积累，赵庆建在长时间的教学过程中摸索出了“功法＋套路＋攻防”三位一体的教学模式，极大地提升了教学效果，完成了从运动员到教师的华丽转身。

比赛和教学之余，赵庆建还积极利用武术向国际推广传播中国文化，使世界上越来越多的人理解中国文化，从而不断提升中国文化软实力。“作为武术人、武术文化精神的传播者，我有责任、也有义务把中华武术精神推向世界，让更多人得以了解中华武术及其武术精神，投身于面向国内外开展武术传播的事业当中。”赵庆建认准了前进方向，就会勇往直前。

左：2021 年赵庆建受邀参加四川省巴中市星能冠军助学活动
右上：2011 年赵庆建在美国北加州功夫禅学院进行武术教学交流
右下：赵庆建带领学生参加 2023 年全国武术套路冠军赛

2011 年至 2012 年，赵庆建出访美国，2013 年又外派至日本进行了为期两年的学术指导及交流。2014 年，他作为武术指导，参与美国大型舞台剧“功夫熊猫”展演。2015 年，他接受国际禅武联盟与匈牙利武术协会邀请，进行武术文化交流，并且帮助筹备与建设匈牙利国家武术队。通过海外支教、组织赛事等活动进一步推广武术，带着武术走向荧幕，赵庆建在世界各地演出，每年开展各种武术公益宣传活动。他多年奔走世界各地，致力于将武术精神带到全世界，希望世界上更多的人能够喜爱武术，并通过自己和众多武术人的努力，让武术真正成为奥运会项目。

影视舞台剧，是大众传媒时代下的新兴武术文化产品，是东西方文化交流融合的产物。李小龙电影在西方世界掀起了一股“功夫片热”，国外开始对中国功夫产生浓厚的兴趣。随着一些武术影视作品走向世界，不同国家的民众能够欣赏我国的功夫电影。然而，我国武术相关的影视舞台剧作品较少，内容推陈出新较慢，为延续和加强武术文化的传播力，在教学期间，赵庆建不忘初心，仍致力于武术传承人和传播者的工作。2013 年首都体育学院承接了国家汉办海外巡演工作，赵庆建作为在国际上有一定影响力的武术名师，他始终不忘身上承载的中华优秀传统文化传承与传播的职责和使命，全身心投入节目的创编当中。他以中华优秀传统文化为底蕴，以讲好中国故事为主线，将价值塑造、知识传授与能力培养相结合，将传统文化与新时代精神相结合，将武术与舞蹈有机融合，创作出多个具有“武舞融合”特色的剧目。2013 年至 2022 年十年间，首都体育学院代表国家汉办孔子学院总部到北美洲、欧洲、南美洲等巡演8次，参与国务院侨办北美文化交流巡演5次，参加文旅部“北京之夜、欢乐春节”北欧三国行演出10次，“华夏风、功夫情”武术云巡演直播2次，赵庆建在做好日常教学工作的同时，参与了全部的编创、排练、对外联络等工作，并5次带队出访。其中的艰辛和付出不言自明，可他却是默默付出，只问耕耘不问收获。

2016年，赵庆建又萌生了一个新的推广思路：通过把中国优秀的武术学生带到美国进行交流，并长期在美国建立武术实习基地。赵庆建认为，这是一个非常好的交流平台。中国的武术专业大学生在技术和理论上有较强的能力，而通过交流更是可以促进美国武术教学的规范性和系统性，同时让中国学生了解国外的武术教学模式和海外武术爱好者的想法。想法日渐成熟后，他开始制定进一步的计划。所在学院领导非常支持这个提议，认为这种方式不仅能够让学生的各项能力得以提高，也能促进学院发展。但对于学校来说，学生的安全问题尤为重要，在吃穿住行等方面都有些担忧，所以他不惜自掏腰包来到美国实地考察，与美国各个武术俱乐部进行商洽，并得到许多武馆馆长的支持。经过一年时间的多次沟通，终于成功带领第一批学生到美国进行实习交流。其间，赵庆建对多家武馆的武术教练进行了专业教学，教学内容以竞技体育为主，把基本功作为指导重点，旨在从根本上提高教练的专业素养，从而帮助武馆进一步建立、发展更加成熟及专业的武术团队。美国武术实习基地在多方努力支持下，走出了一条海外武术发展的新路。

弘扬武术，传承武德

赵庆建满怀着对武术的无限热爱，一颗传播武术精神的心始终如初。他坚信，随着海外武术传播平台的建立与不断完善，一定会促进世界更多人的健康生活！弘扬武术，传承武德，让世界各国人民从武术精神中更加了解自强不息的中国精神！

新时代需要新的育人方式，从思政课程到课程思政，再到“大思政课”，赵庆建始终葆有一颗敬畏之心，紧跟新时代脚步，不断探索育人的新路径。他在执教过程中所体现的严谨的教学理念、刚柔并济的教学方法、对武术的热爱与倾心，通过自己的实际行动为他的学生树立了良好的榜样。身为首都体育学院武术套路队主教练，他不仅传授技巧，更丰富队员们的精神。队员们纷纷表示，赵庆建教练在训练过程中总是实时关注他们思想与技术上的磨炼，赛前集训帮助他们长时间打磨套路技术，给予他们提高临场能力的表演机会，赛前动员激励他们奋勇向前、沉稳发挥，赛间又给予他们最及时的鼓励与最一针见血的建议，赛后也不忘教导他们面对成绩应做到胜不骄败不馁……赵庆建说，未来将会尽心尽力培养更多武术人才，进一步弘扬传统文化，继续致力于社会实践与教学研究，全身心地投入真正热爱的事业中！

（本文由学生记者李彤采写整理）

杨秀丽 / 坚定信念，永不言弃

杨秀丽摄于 2022 年

每摔倒一个对手，就是翻越了一座挑战的大山。

——杨秀丽

杨秀丽，1983 年 9 月 1 日出生于辽宁省阜新蒙古族自治县，从事专业柔道 17 年整，参加过 2 届奥运会、2 届亚运会、3 届世锦赛、4 届全运会。获得世界级冠军 13 次、全国冠军 12 次，共获奖牌 46 枚；2008 年北京奥运会女子柔道 –78 公斤级冠军。

荣获“全国先进个人”“全国三八红旗手”称号和“全国五一劳动奖章”“全国五四青年奖章”。曾担任国家女子柔道队教练员。现任首都体育学院教师。

天性开启梦想之门

1983年，杨秀丽出生在辽宁省阜新蒙古族自治县的乌兰木图山脚下，从小在田间地头玩耍，在追逐打闹中成长，不仅使杨秀丽度过了愉快的童年，更使她展现出了异于常人的力量和勇气。正是依靠这一与众不同的天性，孩童时期的杨秀丽经常与男孩子斗智斗勇，保护弱小。久而久之，杨秀丽成为了村里小小的“守护者”。

由于天性过于顽皮，孩童时期的杨秀丽被家人送去练习体育，以期能够改掉这样的个性。然而正是这个决定，让她接触到了各种体育项目，如铅球、铁饼、跳高、跳远、篮球等。但真正改变这位世界冠军命运的，是初中时代的一次偶然。

在初一那年的县运动会上，杨秀丽被市体校的柔道教练看中，开启了她柔道生涯的序幕。彼时教练一番“柔道是讲礼仪、礼貌、礼节的一项运动，练习以后既能防身保护自己，也可以参加全国比赛、世界大赛，如果在世界大赛上获得了冠军还可以升国旗奏国歌，为国争光，那就是民族英雄！”的话语，如同一束微小但有力的火苗，一下子点燃了杨秀丽心中的梦想。尽管家人和老师一开始不同意杨秀丽去体校进修，但坚定的信念让她最终获得了支持，也正式开始了在柔道之路上的探索。

目标照亮前进方向

进入体校后，杨秀丽深刻感受到了柔道的不同之处，这不仅仅是一项运动，更是一种礼仪、礼貌和礼节的体现。在得知我国柔道项目诞生过两名奥运冠军后，好强的杨秀丽下定决心，“她们有两只手、两只脚，我也有，她们能行我也能行！”她将目标细化：2年内拿省比赛冠军，5年内拿全国比赛冠军，10年内拿世界冠军。梦想之所以称之为梦想，正是因为其实现的过程曲折。开始的训练是艰难的，杨秀丽每次都被老队员轻易摔倒，身上布满青紫，但她并未气馁，坚信1分钟的倒地意味着10年的成长。因此，不断地摔倒、站起、再次摔倒、再次站起。随着时间推移，杨秀丽的技艺逐渐超越了曾经摔倒她的队友，“后来谁也摔不倒我了，再后来我还能摔倒他们一两次”。

之后，杨秀丽第一次参加辽宁省少年比赛就取得了63公斤级第三名的好成绩。再之后，在安徽阜阳全国青年锦标赛上，杨秀丽摘得了63公斤级金牌。在2001年和2002年的辽宁省运动会上，杨秀丽又分别获得该级别的冠军。这些成绩，让杨秀丽敲开了辽宁省女子柔道专业队的大门，而伴随于此的是更为艰苦的训练生涯。每天超过8个小时的训练，冬日凌晨5点的寒冷让她倍感困倦，但对冠军的渴望让她始终坚持。为了保持体重，在高强度的训练下，杨秀丽需要蒸桑拿，一蒸就是两个小时。不仅如此，杨秀丽甚至3个月没吃过一口主食。

努力冲破路上万难

然而，成功之路从未一帆风顺。备战2003年全国冠军赛时，杨秀丽腰间盘突出，“上下床都十分艰难”，更遑论训练和比赛，这对一个运动员来说是非常沉重的打击。尽管伤愈，但难以克服的技术屏障让她的成绩一直无法提升。这段时间，杨秀丽曾想放弃，心中充满了迷茫和挣扎。彼时母亲来队里看望，轻声问杨秀丽：“还想练吗？”杨秀丽心中久久难平波澜，“我再坚持一下，看这次比赛的结果。”这一句“坚持”就是3个月的克服伤病和加倍苦练。在随后的全国青年冠军赛上，杨秀丽勇夺冠军。

在2004年，杨秀丽第一次以陪练身份进入国家队，为备战雅典奥运会贡献力量。这份工作的辛苦程度不言而喻，每天被摔倒上百次上千次，还要模仿各种类型的对手。然而，正是在国家队半年的陪练生涯，让她常常与高手过招，技艺突飞猛进。

随着杨秀丽年龄增长，体重增加，她转而参与–78公斤级别的比赛。虽然不再受制于体重控制的束缚，可以尽情享受美食，然而，当饮食与增重息息相关时，现实总不那么令人“兴趣盎然”。“吃来吃去体重一直在73公斤左右，这时我才知道长体重也是非常困难的事，吃多了一训练就吐，到现在我看见排骨就晕。”在辽宁省队，杨秀丽成为唯一升体重和降体重都经历过的运动员，也是唯一连升两个体重级别打比赛拿成绩的运动员。这一过程让杨秀丽领悟到“不经一番寒彻骨，哪得梅花扑鼻香”的人生座右铭，理想需要通过奋斗来实现。

昂首迈向奥运赛场

2006年，杨秀丽迈入了练习柔道的第9个年头，也顺理成章地凭借在全国比赛中的优秀成绩进入了国家队，迎来了代表中国队参赛的机会。其中经历了多少艰难困苦，只有杨秀丽自己清楚，“连续4年获得全国冠军，连续303场比赛一分不失！”杨秀丽的底气，来源于一次次训练、来源于眼泪与苦涩、来源于对冠军的执着，亦来源于国家与人民的期待。

2007年底，杨秀丽在广州全国柔道冠军暨奥运会选拔赛上，以拖着伤膝的顽强表现，战胜了对手，也战胜了自己，夺得了–78公斤级的冠军。作为运动员，一生最大的梦想就是能参加奥运会，为国争光。但按照规定，每一个国家同一级别只能派一人参赛，只有世界级比赛积分前16名，才有资格参加奥运会。在历经数次国内国际大赛，一路“过关斩将”后，杨秀丽凭借出色的实力获得了2008年北京奥运会–78公斤级参赛资格。“那段时间，最多的时候，15个陪练和我‘玩儿命地过招儿’！国家队里有2008年奥运会周期的数据统计，我是全队训练时间最长、最刻苦的

2008 年北京奥运会赛场上的杨秀丽

运动员！没有之一！”付出终有回报，杨秀丽终于有机会代表国家站上实现梦想的舞台，在最神圣的赛场上将自己的努力和实力证明给所有人。

拼搏沐浴奥运荣光

“如果奥运会至少保证 1 枚金牌，那就是杨秀丽了。”这是一向低调的刘永福教练对杨秀丽最大的褒奖。2008 年 8 月 14 日，杨秀丽代表中国柔道队参加奥运会。“每摔倒一个对手，就是摔倒一个国家。”正是基于这样的信念，前 4 场比赛，杨秀丽展现了卓越的技艺和毅力，一路顶住压力，全部以一本获胜，最终进入了决赛。

然而，决赛的较量异常艰苦，杨秀丽和古巴选手一直战至金分加时赛。加时赛开始时，杨秀丽眼睛受伤，无法看清古巴选手的脚下动作。须知，柔道的技术动作分为手上和脚下两个方面，杨秀丽在加时赛甫一开始就先失一半先机，之后的比赛必将更加艰险。但此时选择暂停比赛，意味着对手也有两分钟的时间可以休息调整自己，“让她恢复了体力，我就更少一分胜算，要知道奥运会赛场上，最终比拼的就是意志和耐力，强者必须战胜所有困难，我坚信我是付出最多的，体力一定比她好！”正是由于多年的刻苦训练，杨秀丽坚信自己的技术与体力，最终毅然选择放弃医疗暂停继续比赛。尽管面临困境，但杨秀丽拼尽最后一丝力气，最终堂堂正正地赢得对手，站在了北京奥运会的最高领奖台上。五星红旗冉冉升起，国歌响彻赛场，梦想终于实现，那一刻的杨秀丽赢得了全世界观众的目光。

整个运动员生涯，杨秀丽投入了 17 年的

杨秀丽站在 2008 年北京奥运会领奖台上

杨秀丽所获部分奖牌证书

心血，参加了 2 届奥运会、2 届亚运会、3 届世锦赛、4 届全运会，并赢得了 13 次世界冠军、12 次全国冠军，共获得 46 枚奖牌。同时，杨秀丽还荣获了“全国先进个人”、“全国三八红旗手”、“全国五一劳动奖章”和“全国五四青年奖章”等荣誉。

接续谱写更新篇章

2013 年，在辽宁省第十二届全运会上，杨秀丽夺得冠军，为自己的运动员生涯画上了圆满的句号。但杨秀丽的“冠军”之路还远未结束。随后，杨秀丽以教练身份回归国家女子柔道队，7 年的教练生涯，从教练员到女子柔道大级别主教练，杨秀丽孜孜不倦地为新一代运

2018 年杨秀丽与国家柔道队在雅加达亚运会合影

动员传授经验。在她的指导下，多名运动员脱颖而出，获得世界冠军、亚洲冠军和全国冠军。2017 年，在布达佩斯世界柔道锦标赛上，杨秀丽培养的运动员于颂获得 +78 公斤级冠军。

2021 年，杨秀丽再次转变角色，从教练员转变为一名人民教师，加入首都体育学院。能为更多学生心中埋下热爱柔道与柔道精神的种子，这令杨秀丽感到自豪，“教师是文化和精神的传播者，是人类灵魂的塑造者，教师传播的不仅是专业知识和技能，更重要的是体育精神和传统美德”。正是基于这样的责任感与使命感，杨秀丽充满信心地面对新的挑战，把爱国主义精神、中华体育精神、团结奋进精神、努力拼搏精神、永不言败精神传递给每一名大学生，尽全力做到体教融合育新人。

杨秀丽的故事，不仅是一场艰辛但酣畅的柔道生涯，更是一部关于坚持、勇气和决心的传奇。她用汗水和毅力书写了自己的人生，也照亮了无数学生、点燃了无数梦想和希望。

（本文由学生记者宋场采写整理）

倪红 / 不以胜负论英雄

倪红在北京国家会议中心击剑馆参加2008年北京奥运会女子佩剑团体决赛

成功并非来自安逸和享受，所以我比别人更努力。

——倪红

倪红，1986年2月28日出生于北京市，中国女子击剑运动员，首都体育学院休闲与社会体育学院时尚运动教研室教师。

2008年6月，倪红荣获国际剑联女子佩剑世界杯大奖赛天津站团体赛金牌和女子佩剑世界杯大奖赛美国站团体赛铜牌；同年8月作为东道主荣获北京奥运会女子佩剑团体赛银牌。2009年获全国运动会女子佩剑个人季军，同年荣获亚洲击剑锦标赛个人、团体双料冠军。

任教期间，倪红率领校内课堂表现优异的同学参与北京市内各类大学生击剑比赛，屡获佳绩，包括：首都高校击剑比赛甲组女子佩剑个人赛冠军、甲组女子佩剑团体赛第三名、男子佩剑个人赛亚军、男子佩剑团体赛亚军、男子重剑个人赛季军、男子重剑团体赛季军以及女子重剑个人赛季军等。

梦开始的地方

1997年6月，我11岁，有一次在家中看电视，记得很清楚，那时候还是黑白电视。当时从电视中突然出现了一名蒙面大侠，最引起我注意的就是他手上拿了一把剑铲除坏人、维护正义。画面来自老电影《佐罗》，佐罗是电影主人公的名字。在那个纯真的年代，谁都渴望成为英雄，所以佐罗就自然而然地成了大家心目中的英雄。当时我就有一个梦想：要是让我拿到这把剑，我就要维护正义，铲除所有坏人，也要当一名英雄[①]。

两年后，因为身高比同龄的孩子要高，还是左撇子，在如此机缘巧合下，我进入了北京击剑队，成为了一名女子佩剑运动员。

进入运动队之初感觉每天都过得很快乐和充实。记得那时我们女佩[②]8个人住在一间房间里。从早上开始一睁眼睛就能看到队友，一起洗漱、一起吃饭、一起上课、一起训练，晚上熄灯后一起唱歌，说自己的小秘密，每个人都诉说着自己的梦想。但是我的梦想一直藏在心底，那就是想要成为一名“英雄”。

镜中的“英雄”

进入击剑队后，我每天都在做步伐练习。从蹲实战姿势开始，一步两步、两步三步，向前、后退、弓步。那时都不知道什么时候才能得到真正属于自己的剑，只能在每天做步伐练习时偷偷地瞄着自己喜爱的剑来找点心理安慰，而每天最开心的时候就是，练完基本功用羡慕的眼光看着师哥穿上帅气的比赛服，拿着剑，在剑道上比赛。那剑与剑之间击打出来的声音格外清脆、好听。

这样的日子整整过了半年。有一天终于拿到队里发的器材。毛手毛脚地换好衣服，跑到镜子前面，忽然觉得镜中出现了一名“英雄”，瞬间觉得之前自己的坚持都是值得的。

原本以为拿剑之后的训练会更加有意思，但是万万没有想到拿完剑后还是要做基本功练习，和之前光在腿上下功夫不同，手上也不能闲着。每天一开始不是对着靶人劈靶，就是拿着剑做步伐练习，之后就是双人的规定动作练习。就这样日复一日、年复一年，像机器人一样，相同的动作内容反复做了不计其数，之前的那种喜爱和期盼已经慢慢地随着时间不复存在。

还记得第一次参加少年赛，意外地打了个人第二名。队员羡慕的眼光和教练员的称赞都让我感觉无比光荣和自豪。原本以为有一个好的开始，之后的击剑生涯会一帆风顺，但是后来发现自己的想法太天真了。“十年如一日”的教法让我们和全国其他省区市的队员差距拉

---

① 基于倪老师的采访录，下述文本均为第一人称视角。

② 这里指女子佩剑运动员，击剑项目按使用的剑的种类细分为重剑、佩剑和花剑，佩剑速度最快，佐罗使用的就是佩剑。

2006 年在北京击剑队进行
负重下的步伐练习

得越来越大，之后几年的比赛都被打得很惨，完全没有还手的余地。

因为之前的成绩和教练的能力有限，我们开始频繁地更换教练。但我发现最让我们运动员头疼的是每个教练员的教法、要求都不一样，所以，只要换一个教练，我们不仅要花费很长的时间重新学习基本功，还要花费很久的时间适应这个教练的脾气秉性、带课节奏和指令意图。而往往还在适应阶段中又出现换教练的情况，每个教练都告诉我们他们的理论是正确的，但是对于我们队员来说，也不知道到底哪一个才是正确的，哪一个才真正地适合自己，所以练到最后我总感觉自己就是“四不像”。

就这样经历 8 年的摸爬滚打，别人是越打越好，而我却越打越没有信心。我依然穿着那身击剑服，此时此刻镜中没有出现“英雄”，出现的则是身着一身发黄保护服、拿着一把破剑的“败者”。

初出茅庐

2008 年 3 月接到通知让我作为奥运会主力陪练进入国家队集训。当时国家队对于我来说就是一个神圣的地方，不止有先进的训练设备，还有让我们这些普通运动员只能远观的全国最优秀的运动员，和他们打比赛从来没有抱有赢的信心，只能保佑不被打得很惨就算皆大欢喜，而我当下能和他们一起训练，倍感荣幸！最重要的是，在那之后我遇到了我生命中的贵人，他改变了我接下来的生涯轨迹，让我重燃起对击剑的热情，他就是具有“法国击剑教父”之称的克里斯蒂安 · 鲍埃尔。

还记得在一次实战训练课后，他走到我面前，通过翻译告诉我：“你刚才打得很好，很有潜力，从明天开始在我这里上课。”听到他的一番话，我开心极了！晚上一直期待着他的个别课，心想一定要上好他的个别课，以证明自己。但是第二天的个别课可把我难倒了，所有的动作全是最基本的，但是我一个都做不好，因为整堂课 40 分钟他一直在说：“No”。最后，鲍埃尔教练给我总结的是：“我的动作没有一个是正确的！”听到这些虽然备受打击，但却暗下决心：一定要让你对我说一句“Yes”！

乔丹的一句话我很喜欢：“如果自己被当作某场比赛的最佳球员，我就得向人们展示自己有那种水平，这也源于我比别人更努力、付出更多。我的成功并非来自安逸享受。”简单的话语让我不管多苦多累都激励着自己前行。训练中我从来没有偷过懒，一个动作我会做上百遍上千遍，就因为我有着这种坚持不懈的努力，最终得到了鲍埃尔教练的赏识，赢得了回报。

我记得鲍埃尔教练这样评论我们几个运动员：“包盈盈是一个很聪明的运动员，陈晓东是一个很聪明并且很有个性的运动员，倪红却是一个勤奋的运动员。一个真正的运动员即使她再聪明、再有个性，如果不勤奋，也不会成功。”2008年5月，鲍埃尔教练当着所有队员的面宣布我进入世界杯团体赛。那一刻，我感觉无比自豪，能代表中国队比赛是我一直以来的梦想，能和谭雪、包盈盈、黄海洋这些国内高水平运动员并肩作战，倍感兴奋与幸福，但同时一些不自信的想法也给自己增添了几分担忧。

2009年在北京击剑队训练中虚心接受恩师鲍埃尔的指点

崭露头角

2008年5月天津女子佩剑世界杯大奖赛。我们团体一路过关斩将，最后杀到前两名，下午4点将进行冠军争夺战，而我们的对手是整体实力雄厚的俄罗斯队，上午以大逆转的方式战胜超级强队美国队进入决赛，其中叶莲娜·奈查埃娃是上一年世锦赛战胜谭雪夺得冠军的，索非亚·维利卡娅则在2005年世锦赛夺银，所以此次战役可谓是背水一战。

前两轮谭雪和包盈盈都以完美开局，奠定了基础。我上场后却因自己的思想松懈让对手把比分反超，从台上走下来后，我心里很害怕，鲍埃尔教练走过来问我这是为什么？还能不能继续相信你？我冲他摇了摇头说：“我不想打了，我害怕了！”教练坚定地看着我说：“我再相信你一次，希望你不要让我失望。”看着他这么坚定的眼神，我好像没有那么怕了。之后的两轮比赛我没有丢分，只是和对手打平。当谭雪在比分44:44时打出最后一剑，双方几乎同时刺出，经录像回放确认，裁判举手示意中国队获胜时，我流下了眼泪，我除了高兴之外心里却全是内疚。和鲍埃尔教练拥抱时一直在说："Sorry"。我觉得没有我，我们也不会打得如此艰辛。当我们拉着手一起站上领奖台时，当所有的闪光灯对着我们拍照时，当我拿着奖牌时，我才感觉到之前的苦和累都不算什么，它凝固在这奖牌中，沉甸甸的。这是我人生中的第一个世界冠军，之后我通过自己的努力，取得了很多优异的成绩，如天津世界杯个人赛前16名、团体冠军，美国站团体赛第三名。

那天在机场里，当鲍埃尔教练宣布我是参加奥运会四号种子选手、已经拿到奥运会入场券的时候，我脑子里一片空白。我不知道自己是怎么走上飞机的，我只记得我应该把这个好消息告诉我的父母，和他们一起分享这来之不易的好消息。

作为地道的北京人，有幸以东道主的身份在家门口作战特别幸福和光荣，在比赛中，现场观众绝大部分都是中国人，每次弓步刺向对手的瞬间，所有观众都在喊"杀"！这无形中给我带来了很大的推动力！在备战中，虽然比赛场地离家很近，但是自开启奥运备战封闭集训后，我就没回过家，直到击剑项目结束后，我才跟父母分享在奥运会中的经历和感受。

2008年8月14日，北京奥运会女子佩剑团体决赛在国家会议中心击剑馆举行，经过3轮激战，我们以44∶45的一分之差惜败乌克兰队，遗憾地获得银牌。现在回想这场比赛，在开局我们一直都处于上风，但是一方面由于对手的坚持和耐心，另一方面还有对手对我们队员的技术动作分析和灵活的战术布置，让我们

在2008年北京奥运会团体赛后获奖合影留念（右二）

在2008年北京奥运会女子佩剑
比赛中鞋子意外脱落

最终获得了难以接受的结果。

但鲍埃尔赛后却平静地走在我们中间说："开心点，女孩们！你们为什么会闷闷不乐呢？你们不是失去了一枚金牌，而是得到了一枚奖牌。"那场比赛，让我终生难忘，因为其实我享受在其中，压力并没有使我紧张封闭，即便比赛中我鞋子掉了，我也能当作是个小插曲，坦然面对。

剑指亚洲之巅

在2008年奥运会到2009年全运会期间，我不断强化自己，不想让大家总称我为"年轻队员"或者"奥运会上的黑马"，所以在全运会比赛期间，从小组赛开始，就没有松懈过，认真对待每一次比赛。

在个人赛8进4时遇到奥运会队友包盈盈，以一剑决定胜负，进入前4名，而在决赛中则碰到一直被视为中国击剑女佩一姐的谭雪，她可是我多年来一直崇拜的偶像，不过我事先做足了准备：看她以前留下来的技术录像，从中找到她的破绽，希望下午的决赛战胜她。但是，我只做足了一半的准备，技战术应用全是对的，但是我却输给了我自己的心态。

我在开局8：3领先休息1分钟后，心理开始有了变化，不是兴奋，却是有点莫名地害怕，这1分钟很漫长，教练走到我面前和我说了很多，但是我却完全没有听进去。接下来的比赛我完全失控，盲目跟着对手，不知道自己在打什么，结果也可想而知。

2009年随队参加世锦赛，因为之前的全运会成绩优异，自己处在上升期，总觉得我会打得很好，不会失败，也更想证明自己的实力，但是越想表现，失败就会越快。在32进16的那一场，我已经被对手压制，根本没有还手的

2009年在卡塔尔多哈参加亚洲击剑锦标赛

余力。下场后我很不甘心，场面也一度失控，鲍埃尔教练紧跟过来，在没有翻译的情况下，我们吵了起来。我完全听不懂他的意思，他也完全不明白我在气什么，也不明白为什么我会打成这样。他无奈地摆摆手离去，我却坐在那里泣不成声。

之后我谁都没理过，一个人关在房间里反思，想不明白我为什么会打成这样，忽然想起鲍埃尔教练对我说过："倪红，你不用证明什么，你就是你，完全不用向谁证明。"我突然明白其中道理：你越是想证明给谁看的时候，你就会越紧张，越在乎别人的想法，而比赛就是要心平气和地打，不要在意旁人的眼光，要全身心地投入比赛中，这样才会取得胜利。知道导致比赛失败的原因是我的逞强、激动和不理智后，我向教练承认了错误，在参加下一个亚锦赛的时候，这个问题就好很多了。在全身心地投入比赛，认真对待每一剑，比分领先不骄、比分落后不躁的状态表现下，我最终在亚洲锦标赛中取得了个人和团体赛的双料冠军。

新的机缘

我很幸运，第一次参加奥运会就站上了奥运会领奖台，但也很不幸，为了保证自己的排名不下滑甚至有所提升，我每天会进行超负荷训练，不仅体力吃不消，身体也逐渐消瘦，膝盖旧病复发，腰部骶椎周围的肌肉群也完全受伤，腰部的疼痛就像针扎一样，最严重时连睡觉翻身都能疼醒，更别提比赛了。祸不单行，最让我痛心的是2010年6月的一天，我最信任的教练老鲍突然宣布要离开中国，在击剑生涯里，他帮助我重新燃起对击剑的兴趣，告诉我如何才能真正理解击剑，让我达到我连想都不敢想的击剑生涯的顶峰。在身心俱疲的情况下，我虽然出战过一些比赛，但是成绩都不理想，也因此无缘伦敦奥运会，并于2015年退役。

2008 年北京奥运会闭幕式前和老鲍在鸟巢外合影

在运动员生涯中，我并没有放弃自己的学习，也于退役前在首都体育学院获得了体育学硕士学位。2016年7月，满怀激情，怀揣着对教育的梦想，进入首都体育学院时尚运动教研室工作，开始了教书育人的神圣生涯。当我听到第一声从同学们嘴里说出“倪老师好”的时候，突然让我感觉到了“责任”二字，让我对“老师”有着不同的感悟。

良师益友

还记得 2016 年 8 月 26 日，我跟随大一新生们参加军训，对于第一次作为老师的我得到了一次很难得的锻炼！因为每天都要和学生们生活在一起，责任重大。

让我印象最深刻的就是，因为不适应高强度训练和平常简单的伙食，再加上陌生环境和想家的思绪，我观察到少许学生情绪不高。一次晚上查房，有一个女孩子坐在门外给家里打电话时在哭，这时我向她询问具体的情况，得知她因为从来没有离开家那么久，有些想念自己的家人，这时的我才真正地意识到这种心情肯定会影响到她日常的生活及训练。

所以在接下来的日子里，我每天都会挨个房间查看同学们的情况，和同学们聊天，讲笑话，后来我和同学们的关系有了很大的改变，她们愿意主动和我聊天，诉说心中的快乐和悲伤。这时

2022 年在首都体育学院气膜滑冰馆二楼进行击剑课授课

2023 年在清华大学击剑馆带领学生参加首都高等学校第一届体育运动大会击剑比赛

我惊奇地发现，不仅学生们日常生活更加规律，平日的训练伤病人数也大幅减少。这也让我体会到法国著名教育家卢梭的话，“只有成为学生的知心朋友，才能做一名真正的教师”。

习近平总书记在和北京师范大学师生代表座谈时指出，一个人遇到好老师是人生的幸运，一个民族源源不断涌现出一批又一批好老师则是民族的希望。① 每个人心目中都有自己好老师的形象。做好老师，是每一个老师应该认真思考和探索的问题，也是每一个老师的理想和追求。我想，好老师没有统一的模式，可以各有千秋、各显身手，但有一些共同的、必不可少的特质。在我做专业运动员时遇到过好教练，当我做教师时，也要成为学生的好老师。我坚信：通过努力，一把佩剑，十四米剑道，一颗爱生如子、爱校如家的心，足以让我的人生勾画出一道美丽的风景线。

曾经的我胜利过、失败过，我将带着我的故事传递给每一名学生，他们的人生才刚刚开始，面对未知的未来，我将教会他们不以胜负论英雄。

（本文由学生记者王鲁豪采写整理）

① 《努力造就一支党和人民满意的教师队伍——深入学习贯彻习近平总书记同北京师范大学师生座谈时的重要讲话精神》，《人民日报》，2014 年 9 月 19 日。

汤景之 / “泳”往直前

2002 年在韩国釜山亚运会中进行自由泳比赛

去做和做好是完全不同的两种概念，而我选择后者，这就是我的人生信条。

——汤景之

汤景之，1986 年 9 月 15 日出生于浙江省杭州市，中国女子游泳运动员，现任首都体育学院休闲与社会体育学院时尚运动教研室教师。

1995 年，汤景之进入杭州市陈经纶体校游泳队；1998 年 11 月进入浙江省体训一大队游泳队；2002 年正式进入国家游泳队，曾获游泳世界冠军、游泳国际级运动健将荣誉称号；2009 年正式退役。2010 年至 2013 年就读于北京体育大学体育教育训练学硕士冠军班。2011 年以国家公派留学生身份赴美国威斯康星大学麦迪逊分校留学。

2001 年第五届世界友好运动会女子 400 米自由泳冠军。2002 年第六届世界短池游泳锦标赛女子 4×200 米自由泳接力冠军并打破世界纪录。2002 年第十四届釜山亚运会女子 4×200 米自由泳接力冠军、女子 400 米自由泳季军。2005 年第十五届世界游泳锦标赛女子 4×200 米自由泳接力季军。2006 年第七届亚洲游泳锦标赛女子 200 米、400 米自由泳冠军，分别打破赛会纪录，女子 4×200 米自由泳接力冠军，女子 4×100 米混合泳接力冠军。2006 年第八届世界短池游泳锦标赛女子 4×200 米自由泳接力亚军。2006 年第十五届多哈亚运会女子 4×200 米自由泳冠军、女子 4×100 米自由泳接力冠军。2008 年北京奥运会女子 4×200 米自由泳接力亚军。2008 年 10 月被国家体育总局授予“2008 年北京奥运会突出贡献个人”荣誉称号。

初心如磐，笃行致远

汤景之从小就与游泳结下了不解之缘，这个缘分一结就是16年。最早在幼儿园时期就接触到游泳，那时一起学习游泳的小朋友不在少数，但最终坚持下去的寥寥无几。

起初游泳教练员选材也非常"独特"，教练来到幼儿园问老师哪些孩子家长长得高，经过挑选后，压一压肩关节柔韧，就直接被带去游泳池，汤景之就是其中之一。最开始学游泳的时候，有100来个小朋友，当时学游泳对于幼儿园大班的小朋友来说是非常难的事，并不是每个人都愿意去吃这份苦。大部分小朋友学了不久就放弃了，而汤景之却一直坚持了下来。尽管当时并没有想到自己未来会一直在这个行业前行，更未曾想过日后会获得世界冠军，但汤景之年纪轻轻就已经明白"苦中作乐和苦尽甘来"的道理，明白所付出的辛劳与汗水，在未来都会得到回报，也正是如此，汤景之坚持到了最后。"我当时会做出这样的选择，一方面是父母对我的影响，每天接送训练，风雨无阻；另一方面就是我自己的志向，我始终觉得我就是能吃苦的类型。"汤景之回忆道。

2002年在第六届世界短池游泳锦标赛女子4×200米自由泳接力决赛中获得冠军并打破世界纪录（左二）

得益于从小养成的吃苦耐劳品质，汤景之在之后的训练、比赛、带队中都始终保持着这种心态。要成为一个优秀的运动员，勤奋、天赋和智慧缺一不可。作为游泳运动员，汤景之天赋其实并不是特别好，身高不高，力量也不大，所以她必须用勤奋来弥补。

2006年在上海举行的第八届世界短池游泳锦标赛女子4×200米自由泳接力的颁奖仪式上持奖牌合影留念（右二）

在正式成为游泳运动员后，她总是能保持着旁人所不能及的热情和努力投入训练之中。没有付出就没有回报，一位世界冠军的诞生，背后一定伴随着常人难以想象的付出，而这种辛劳，对于汤景之而言已经是习以为常了。运动员这一行肯定是辛苦的，一年365天至少有300天是在训练的，就像大家都知道的菲尔普斯，在里约奥运会之前的5年时间，自始至终没有休息过一天，作为一个游泳运动员，这是一个非常艰苦的训练模式。“游泳和陆上项目不同，它更注重水感，如果3天不下水，到第4天再下水，恐怕就不会游了。”汤景之郑重其事地说道。功夫不负有心人，曾经日复一日的训练，不辞辛劳的投入，也让她在世界比赛中拥有了辉煌时刻。

从运动员到教师的蜕变

运动员退役后的选择五花八门，有进入娱乐圈的，有创业开公司的，其中继续留在体育行业担任教练的不在少数，但进入高校担任教师的却不多。进入高校后，汤景之肩上的担子发生了变化。虽然从事的还是本行，但还是有略微差距，做老师更多要从管理层面去做工作，会感受到更沉甸甸的责任感。而且不光要考虑如何招收优秀的学生，更多考虑的是招进来之后如何培养好，如何把自己的专业知识运用到训练理念和手段中，这和自己做运动员时有很大的不同。

回想起自己为什么会在经历退役、深造后作出如此选择时，汤景之觉得这是一种机缘巧合。曾经作为一名游泳运动员，需要常年无休地进行训练，很少有机会能够陪伴在家人身边，因此在退役之后，她选择了一份相对稳定的工作。“曾想到自己之前都是孤身一人在外训练、生活，所以我希望之后陪伴家人的时间

2008年在杭州西湖边进行北京奥运会火炬传递接力，她也是第一个跑向西湖的火炬手

能够多一些。”汤景之说道。

虽然是抱着多与家人相处的心态入职首都体育学院，但当真正进入新的职业时，一种发自本能的责任感驱使着汤景之诲人不倦的脚步不停歇。每个教师都有自己所属教研室的办公地点，但是汤景之很少在那办公，她的主战场依旧是游泳馆，泳池边上的座椅、更衣室门口的等候椅，只要是游泳馆里面有可以坐的地方，你总能看到那双套鞋、那忙碌的身影，全神贯注地注视着手上的笔记本电脑，辛勤工作着。

“面对每届学生，每一学期的工作任务丝毫不比在役期间少，对于我来说更是新的挑战。在一个团队里，要和学生永远是一个整体，一样的付出，一样的艰辛，全身心地投入热爱的游泳教学中。虽然当时选择这份工作时有着不同的想法，但进入学校之后，我发现自己非常热爱这份工作，我甘愿把自己的个人时间投入教学中，这是我的一份责任。”汤景之郑重地说道。尽管和自己的预想有所出入，但汤景之觉得能够重新回归到游泳事业中，为首都体育学院继续奉献着自己的光和热，是一份幸运。

我想看到学生的成长

作为曾经的世界冠军，身上难免会笼罩着光环，有时候这种光环会成为人与人之间的隔阂，但汤景之相信用自己的真诚和率直可以打破这堵无形的墙。“我觉得在学校里我就是一个普通人，不把自己当作一个世界冠军来看待，我从来没有这么想过，也从来没有摆

2019 年在首都体育学院游泳馆中进行专项课训练指导

过架子，所以我和领导、同事之间相处得非常融洽。”汤景之接着说道：“学生们对世界冠军总是有油然而生的崇拜感，而我将这份崇拜化作自己教导学生的法宝。现在的学生多数自我意识较强，但面对自己所崇拜的偶像时，他们都格外地听话。能够在学生之中拥有如此高的人气，我觉得不仅仅是因为过往出众的成绩，更在于在培养学生所付出的真心。”

面对学校学生时，汤景之明白不能完全

2023 年在全国游泳冠军赛暨杭州亚运会选拔赛中担任技术官员和赛事解说工作

用专业运动员的严格标准去要求学生，但有些品质在她看来无论对于何种身份的人都是必须具备的。她对学生的要求，除了学习和训练必须认真以外，最重要的是学会做人，最起码来说，一定要踏实、勤奋、正直。这是她教育学生的为人处世的智慧，这种智慧更是成绩优异的保障。

“我从小就是只要认定想去做的事情，就一定要把它做好，无论是工作也好，家庭也罢，还是很琐碎的小事。要么不做，要么就认真去做好，去做和做好是完全不同的两种概念，而我选择后者，这就是我的人生信条。”汤景之坚信。

在每次大赛前，她并未刻意树立一个明确的目标，只是想专注于每一次训练，踏踏实实做好当下，把现有的训练每一步每一个阶段都抓好，成绩就会水到渠成。这不仅是一种训练策略，更是一种人生智慧，优秀的运动员，绝对是“四肢不发达，头脑不简单”！

（本文由学生记者王鲁豪采写整理）

刘秋宏 / 平凡之躯，不凡力量

在 2014 年索契冬奥会比赛中

相信平凡的人也可以通过自己的努力，成为一个叱咤风云的人物！

——刘秋宏

刘秋宏，1988 年 11 月 26 日出生于黑龙江省七台河市，中国女子短道速滑队主力队员。

获 2007 年世界杯荷兰站 500 米冠军，2008 年世界杯中国站 500 米冠军，2009 年世界大学生冬季运动会 500 米冠军、1000 米冠军、3000 米接力冠军，2010 年世界杯联赛 3000 米接力排名总冠军，2011 年第七届亚洲冬季运动会 500 米冠军、3000 米接力冠军，2013 年世界杯锦标赛 3000 米接力冠军，2014 年世界杯锦标赛 3000 米接力冠军。担任 2014 年第 22 届索契冬奥会中国代表团闭幕式旗手，2018 年第 23 届平昌冬奥会火炬手，2022 年第 24 届北京冬奥会火炬手。2011 年被国家体育总局评为"巾帼建功"先进个人，2010、2011、2013 年被国家体育总局授予中华人民共和国体育运动荣誉奖章。获得运动员个人先进奖、特殊贡献奖、"全国五四青年奖章"、"全国三八红旗手"称号、"全国五一劳动奖章"、"全国劳动模范奖章"等。

在绝望中坚持，在坚持中进步

刘秋宏运动生涯的前期经历还是很顺利的，通过在省队的刻苦训练，自己的能力水平有了快速的提升，在一系列国内比赛中也取得了不错的成绩，于是在2007年，刘秋宏顺利进入了李琰执教的中国短道速滑国家队。

进入国家队一直是刘秋宏进行短道速滑专项训练的目标，在实现梦想的时刻，内心的喜悦无以言表，但这种喜悦很快就被现实训练中的残酷冲散。教练的训练是十分严格的，而国家队的竞争完全是省队所无法比拟的，因为训练理念、方式与过去截然不同，可以说在刚刚进入国家队时，刘秋宏对训练是不适应且掉队的，看似简单的内容在执行中却总是达不到理想的效果，这也让她对自己的水平产生了怀疑，甚至有点绝望。

1998年10岁的刘秋宏（左一）代表七台河市新建小学参加滑冰比赛

在最困难的时候，刘秋宏会和自己的内心进行对话，虽然她并不知道未来到底会不会有实质性突破、能否一直留在国家队中，但她知道自己渴望实现这个目标，于是她暗自下定决心：无论如何都要坚持完成每天教练布置的训练内容。这在外人来看，似乎都不算什么难以实现的目标，但对于那时的刘秋宏来说却是需要日复一日挑战自我极限才可以实现的事情。在一次又一次挑战个人极限的过程中，自己的能力也渐渐发生着变化，甚至曾经遥不可及的训练目标逐渐可以顺利完成，因此在进步中，她也更加热爱训练，要让自己每天都比前一天更好。就在这样良性的循环下，刘秋宏终于跟上国家队的训练课程，自己比赛的能力也比在省队时提升了一大截。

刘秋宏说道，“这一段经历直到退役后都令我印象深刻，我甚至会感谢曾经没有放弃、坚持到底的自己，有时候，目标离自己很遥远，但是如果你放弃了，那么目标永远都不会实现，如果你有勇气朝着目标前进，坦然面对努力过程，那么终有一天，你会被自己的进步吓一跳。即使目标依旧未能实现，当你回首时，你会拥有心安理得的释然”。

得之淡然，失之坦然

2007—2008 赛季，刘秋宏终于穿上了梦寐以求的国家队战袍，代表中国短道速滑队出战国际赛事，由于训练比较充分，她在世界杯荷兰站的女子 500 米比赛中获得了单项冠军。多年以后，回看比赛视频的时候，她甚至能被自己初生牛犊不怕虎的那股劲头给弄得哭笑不得：“我甚至在自己拿下个人第一个世界冠军后没有任何的庆祝、没有任何喜悦的表情……但那就是 20 岁时真实的自己，坚定专注于每一轮比赛的滑行，认真执行教练在赛场上安排的战术，所以能够以一种忘我的态度去对待比赛，甚至可以把决赛当作普通的轮次来看待，完全没有意识到自己获得了冠军。”

刘秋宏说：“现在看来，自己当时的这种精神其实还挺宝贵的，我们在生活中渴望的东西总是有很多，但你在追逐的过程中，或者在即将获得成功的那一刻，往往内心会产生复杂的想法，这种想法在不经意间便会影响到我们的执行力，最终往往近在咫尺却求而不得，倘若能够以平常心看淡得失，用初心去按部就班地做好自己，那么很多结果便会水到渠成。”

在她高歌猛进的第一个国际赛季里，也尝到了失败的滋味，在当年的最后一场国际比赛——2008 年世界短道速滑锦标赛上，她在女子 3000 米接力最后 10 圈时因为自身的失误摔出赛道，最终中国队无缘金牌，在那届比赛里，中国女队先后获得 500 米、1000 米、1500 米、3000 米、个人全能金牌，倘若能够再获得接力冠军便能实现金牌包揽。接力比赛需要 4 个人共同完成，她说，“我的失误也令队友无缘金牌，这成为我最为自责的事情。”

虽然队友们给予刘秋宏的都是安慰和鼓励，但这反而更加深了她自己的愧疚感，甚至内心有点恐惧今后再次发生这样的问题。在遇到困难时，她选择了比较“极端”的方式来与自己和解：反复观看自己失误的比赛视频回放，要让自己能够敢于去面对这次失败。开始的时候，面对失误片段会产生情绪波动，但渐渐地，她关注的点开始转变为：为什么会出现这个失误？以后怎么避免这种失误？“当能够理性地思考问题后，我便不再被感性情绪所牵制，实现了自我的和解，自然也有了继续前进的勇气。”

近在咫尺，遥不可及

走出了失败的阴影，刘秋宏在接下来的 2008—2009 赛季有了更加惊艳的表现，世锦赛接力团体冠军，世界杯 500 米、1000 米总积分亚军（仅次于王濛），大冬会 500 米、1000 米、接力冠军，世界杯北京站 500 米冠军……“这些成绩让我更加自信，也更加明晰了自己的下一个目标：坚定地迈向自己的第一届冬奥会——2010 年加拿大温哥华冬奥会，并在那届比赛里成为奥运冠军。”刘秋宏说道。

然而，老天却跟她开了一个不小的玩笑，在距离冬奥会开幕仅半个月的时候，刘秋宏在训练中摔出了赛道，由于身体失控，冰刀不自主地切向了大腿，顿时血染冰场。刘秋宏回忆时说道：“那一刻，用心如死灰来形容自己也毫不为过，脑子里只冒出一个想法‘完了，我的奥运会没了’。”然而，队伍却并没有放弃她，他们请到了知名的专家对刘秋宏的伤病进行手术，并且安排了一系列的康复训练，希望在她的身上可以发生奇迹，如期参加冬奥会的比赛。

刘秋宏说：“因为大家没有放弃我，所以我也不想放弃自己，积极配合一切康复治疗和训练。就在队友出征加拿大的那一天，我在窗外看见了一面随风飘扬的五星红旗，于是写下了这样一段话鼓励自己：相信自己，相信奇迹！窗外的五星红旗永远为我们轻轻飞舞。”

然而，奇迹最终还是没有降临到她的身上，虽然以超乎常人的速度回归冰场并前往温哥华与队友会合，但却无奈在开赛前24小时的身体评估中得到这样一个结果——身体条件无法达到竞技标准。虽然她的精神意志足够支撑去比赛，但是精神意志控制不了她的腿，于是在中国队报名截止的最后一刻，刘秋宏选择退出本届冬奥会，把机会留给了替补参赛的队友。

当今天再来回忆这段经历时，刘秋宏觉得自己内心已经非常平静了，“生活往往会带给我们很多考验，有些东西我们控制不了也改变不了，那么不如用平和的心态去迎接下一次挑战，并不是所有的努力都能有所回报，但最重要的是做好当下的自己，做好努力奋斗的过程，那么每场比赛都是属于自己的奥运会。”

做好当下，回报终将到来

尽管面对着伤病、年龄、能力等许多方面的考验，但刘秋宏给自己定下了参加2014年俄罗斯索契冬奥会的目标，在她的日记里有过这样一段文字：“第一次速度训练课，滑完我都没好意思去问老师我滑的秒数，眼泪就在眼圈里打转，因为我自己可以感觉到速度的快慢……”

这其实就是温哥华冬奥会后刘秋宏最真实的写照，“我要去接受那个曾经在顶点，但如今日渐普通的自己，也需要开始适应配合队友争金夺银的比赛任务，但我依然很享受其中，全力以赴做好队伍分配给自己的角色，我也能因队友夺冠而发自肺腑地喜悦。”这就像在如今的生活里，并不是我们每一个人都是能够冲锋陷阵的那一位，但如果你能够在集体里兢兢业业地做好本职工作，在力所能及的范围里做最好的自己，那么即便不是最闪亮的那一位，你也绝对值得为独一无二的自己点个赞。

2014年，刘秋宏站上了梦寐以求的冬奥会赛场，但最终在自己参加的4个项目里都没有获得奖牌，虽然在传统的视角下，她的运动生

2022 年进行北京冬奥会火炬传递

涯有些遗憾和不完美，但她依然为自己因坚持而实现梦想的结果感到自豪，而一份意想不到的荣誉让我获得了运动生涯里一次与众不同的肯定：担任中国代表团闭幕式旗手。

刘秋宏说：“记得领导们选择我作为旗手的理由是：竞技体育除了金牌之外，老运动员的坚持和拼搏精神更值得学习。令我印象深刻，也颇为感动。”两个冬奥周期、8 年的国家队生涯，她经历了成长、成功，也经历了伤病、挫折，但始终没有放弃奥运梦想，尽管没有能够获得一枚奥运奖牌，但她的努力得到大家的认可，能够获得旗手的荣耀，这又何尝不是一种回报呢？于是，在主力运动员缺席的赛季最后一站世界锦标赛上，刘秋宏坚定地站好了自己的最后一班岗，最终以一枚女子 3000 米接力金牌为运动生涯画上句号。

迷茫时，在尝试中寻找答案

结束了运动生涯，刘秋宏首先进入北京体育大学完成了自己的研究生学业，而面对后运动员时代的人生，一时间是迷茫的，于是她便选择了各种身份的尝试：参加冰雪公益活动、在中央电视台进行短道速滑比赛解说……在这个过程中，她逐渐发现了在工作中擅长的东西，也找到了未来人生道路的方向，最终成为了首都体育学院的一名教师，教书育人、教出更多冰雪运动人才，为中国冰雪运动的持续繁荣增砖添瓦。

刘秋宏曾说过这样一段话：“我的经历或许也会与很多同学感同身受，在结束象牙塔生活后，步入社会的人生该何去何从？在我看来，在尝试中寻找答案或许是一种不错的方法，因为年轻，理应有勇气敢于尝试，在尝试中倾听内心的声音、发现自我之所长，这样才能真正地摆脱浮躁，踏实地朝着坚定的目标大步前进”。

（本文由学生记者纪超博采写整理）

朱丹 / 以体育精神构筑前行之路

朱丹在比赛中展示俯平衡动作

为体育事业作贡献是我一生孜孜不倦的追求。

——朱丹

朱丹，1988 年 6 月 7 日出生于辽宁省大连市，5 岁练习艺术体操，9 岁进入国家集训队，效力国家队 12 年，前中国艺术体操国家队主力运动员，国际级健将，国际级裁判，辽宁省“三八红旗手”，毕业于北京体育大学硕士冠军班，是教育部首批特派赴美国留学的运动员。

曾获得四大洲锦标赛冠军、日本国际邀请赛单项冠军、世界杯亚军等，获第十届全运会冠军，2004—2008 年连续五年获全国冠军，获 50 余项国内外赛事奖牌。2009 年退役后获得艺术体操国际级裁判资格，并多次参加国内外执裁工作，担任国际邀请赛裁判长、北京市中小学艺术体操仲裁委委员。2022 年北京冬奥会自由式滑雪空中技巧、雪上技巧 NTO 技术官员，也是中国首位冠军跨界跨项国际级裁判员。现任首都体育学院知联会秘书长、副教授，北京警察学院名誉教授。

2022 年朱丹代表首都体育学院参加“Z 世代”走进冬奥体验派暨人文交流对话会并演讲

5 岁初学艺术体操

1993 年，5 岁的朱丹第一次接触到艺术体操，由于出色的形象与优雅的动作，被大连市队选中，但那个时候家里人认为女孩子应该学习舞蹈，不想让孩子吃体育训练的苦，反对练习体操类的体育项目，因而中间有一年的间隔没有训练。在 6 岁时，朱丹被启蒙教练汪敏老师发现，腿长形象好的朱丹在同龄的孩子中脱颖而出。而后朱丹通过自己的坚持以及展现出来的过人能力，最后说服家人，同意其正式开始练习艺术体操，1994 年进入了大连市队，1997 年进入了国家集训队，2002 年进入国家队，开启了长达 12 年的国家队运动生涯。

朱丹少年时期训练的照片

赛场上永不停歇

在备战2008年北京奥运会的一次比赛中，由于队友抛器械的轨迹变换，导致队形移位，绳子不小心抽到了朱丹的眼睛，当时右眼已经看不见了，但此时比赛只是刚刚开始，还有一多半的动作没完成，朱丹毫不犹豫地配合队友们完成比赛，在这个过程中朱丹只能用平时千锤百炼的动作记忆去和队友们配合。在眼睛受伤看不全的情况下，朱丹没有出现器械失误，成套动作顺利做完之后，在退场前队友们才知道朱丹的眼睛看不见了。退场后队医和教练看到朱丹眼睛都是血红的，立

2000年朱丹获得全国青少年比赛个人全能第一名

马叫了救护车将其送往最近的医院救治。经检查是黑眼球出血，角膜受伤，险些失明。由于成百上千次地训练，所有的接抛动作在眼睛受伤的情况下依旧顺利完成，这种应急反应是在平时的训练中反复磨练出来的。后来有人出于安全考虑，对朱丹这一举动表示不理解，朱丹坚定地说："当时在赛场上我不能停下来，因为我知道停下来这套动作将没有评分，我和队友几年的努力就会白费，我要为团队尽到自己的责任，比赛成绩就是我们的最终目标，集体的荣誉高于一切，这就是体育精神的体现，遇到困难锲而不舍，向着目标永不停歇。"秉持着对艺术体操的热爱，朱丹用自己的实际行动向人们展现了艺术体操的独有魅力，更将以集体荣誉为先的团队理念传导至每一位体育人的心中。

退役后身份的转变

16 年运动生涯里有太多的磨难，但退役后的朱丹并没有选择离开，而是继续奔赴热爱的体育事业。运动生涯 16 年、体育教学 10 年，用朱丹自己的话说，她认为自己不是一个甘于选择躺平的人，能够继续从事体育工作是自己的幸运，能为体育事业作贡献是她一生孜孜不倦的追求。退役之后，朱丹告别了运动员的身份，也为自己创造了更多的可能性。2009 年朱丹考取了艺术体操国际级裁判员资格，赴美留学回国后，代表中国裁判员多次参加国内、国际执裁工作，包括全国锦标赛、冠军赛、全运会、泛太平洋赛、世界杯、亚青赛入围等多个国际赛事裁判员，担任全国艺术体操青少年锦标赛裁判长、国际邀请赛裁判长、北京市中小学艺术体操仲裁委委员。

2022 年朱丹在冬奥视频仲裁室前

跨界转型，服务冬奥

朱丹参加了2022年冬奥会技术官员培训，并担任自由式滑雪空中技巧全国锦标赛、世界杯赛事裁判员，成为中国首位冠军跨界跨项的国际级裁判员。曾有人问她从夏季项目转换到冬季项目能否适应，朱丹表示，当她知道北京冬奥会需要NTO裁判的时候，便毫不犹豫地报了名，担任自由式滑雪空中技巧和雪上技巧双项共用裁判，她也成为了中国第一个跨界跨项的国际级裁判员。面对冬奥赛区工作的任务重、频次高、压力大，朱丹与9名国际雪联ITO裁判员、3名欧米茄国外技术人员，在20平方米左右的封闭空间内一同工作，并出色地完成了工作任务，见证了空中技巧2金1银的历史性突破。除了自身做好充足的准备外，朱丹也做好了为各国的裁判们服务的准备，希望他们来到中国能有宾至如归的感觉，这更是展示出了中国NTO团队迎难而上的冬奥精神。

2023年5月朱丹参与全民健身体育宣传

不负韶华，立德树人

退役后作为首都体育学院的副教授，朱丹在教学岗位上率先垂范，善于结合工作实际，发现工作中存在的短板与问题，并且探索新模式，开拓新思路，甘于奉献，以“教书育人”为己任，全身心投入体育强国建设之中。朱丹在教学之余，参与了“青春著华章 奋进新征程”第五届首都文明校园创建故事分享会，走进北京市育英中学、北京市第六十五中学、芳草地国际学校等，讲述金牌背后的故事。向下扎根，向上开花，朱丹还利用现代信息技术与教学过程的有机结合，适应首都经济社会发展需求，投身到推广全民健身活动、服务冬奥、服务首都，取得良好的社会效益。

2023 年朱丹走进校园讲述金牌背后的故事

以身示教，推广全民健身

2022 年，为解决民众居家期间的健身锻炼问题，朱丹利用自己的专业特长，创编了“居家健身拉伸视频”，科学高效地引导大家在疫情长期居家的状态下保持健康。“居家健身拉伸视频”等相关教学视频一经发布，便获得了师生的一致好评和社会的广泛关注，并被国家体育总局收录在《国家体育总局科教司科学居家健身微视频专栏》中，同时还被新华网等 10 多家媒体和新闻公众号转载，点击量突破百万，产生了积极的社会影响。为进一步引导大众积极锻炼身体，积极响应国家关于全民健身运动推广工作，朱丹受邀参加了中央广播电视总台

2022 年朱丹新书签售会

CCTV-1健身栏目《生活圈冠军当私教》《生活圈九宫格》等5期节目的录制，通过电视屏幕带动大众参与运动，进而提高全民身体素质和健康水平，达到疫情期间居家健身的良好效果。同时，朱丹积极贯彻落实国家体育总局关于大力推广全民居家科学健身的有关文件精神，加入由国家体育总局社会体育指导中心指导、人民体育与咪咕善跑联合主办的线上“人民运动会”活动，亲自示范跳绳，并做宣传使者。

体育精神筑梦前行

作为一名曾经的国家队运动员，面对由运动员到教师的身份转换，朱丹深知自己还有很长的路要走。挖掘体育蕴含的文化价值、思政价值，培养学生身体素质、心理素质、价值观念等综合能力，是她的教学理念。在这样的理念指引下，她带领首都体育学院学生参加全国艺术体操青少年锦标赛并获得个人、集体全能第一名的好成绩，培养的毕业生荣获东城区优秀教师称号。同时，带领学生参加央视体育节目、在世界读书日积极向广大师生宣传读书之好处，并在中国国际教育电视台录制“世界读书日”“体教融合在行动”等教育

2024年朱丹在首都体育学院讲述中国台湾青年冬令营活动

2023 年 10 月朱丹在北京体育大学作题为“运动员的成长故事”的演讲

栏目。

朱丹以体育精神构筑自己的前行之路。从5岁接触艺术体操，9岁加入国家集训队，再到1997年进入北京体育大学训练，21岁退役后成为国际裁判并任教于首都体育学院，朱丹用自己的励志故事影响学生，帮助学生在体育锻炼中锤炼意志、增强体质、健全人格，培养德智体美劳全面发展的社会主义建设接班人。

（本文由学生记者武俊鹏采写整理）

史龙龙 / 我的武术之路

2015 年史龙龙在印度尼西亚雅加达举行的第十三届世界武术锦标赛男子对练项目夺冠后庆祝

坚持是体育人的可贵品质。

——史龙龙

史龙龙，1989 年 12 月出生，国家级运动健将，曾为武术专业运动员，现任首都体育学院武术与表演学院武术套路教研室教师。曾获 2009 年第十一届全运会武术比赛对练冠军，2015 年第十三届世界武术锦标赛男子对练冠军。2016 年第一届世界杯武术套路比赛男子对练冠军。从 2005 年至今荣获各届全国武术套路锦标赛、全国武术套路冠军赛、全国大学生运动会等比赛冠军数 10 次。教学生涯里发表多篇学术论文，屡获学院教学比赛一等奖，在 2023 年还荣获北京高校第十三届青年教师教学基本功比赛一等奖、最受学生欢迎奖等奖项。

2009 年被江西省人民政府荣记“一等功”并授予“青年五四奖章”称号，2010 年被宁夏体育局评为“先进工作者”。多次代表国家出访美国、加拿大、日本、巴西等国进行交流演出，在国际上得到高度评价。2016 年参加中共中央春节团拜会武术演出，受到党和国家领导人的高度赞扬。参与 2017 年中央广播电视总台鸡年春节联欢晚会竞技类武术节目《中国骄傲》演出，展现了中国武术精神。

起步：一个农村孩子的武术梦

在首都体育学院的武术馆里，史龙龙正看着自己的学生做着课前的热身活动。他身着一身深蓝运动服，显得格外精神利索。几分钟的热身结束，史龙龙叫学生在馆里集合站队，开始带领学生复习上节课学习的动作。他走在队列中，认真检查着每名学生的动作，一边说着“记不住动作的人一会儿要‘受罚’”，一边停下脚步，纠正着学生的动作。这位在同学心里要求严格却又平易近人的年轻武术教师，还有着一个特殊的身份——世界武术冠军。

“我出生在河北省的一个小村庄，那里虽谈不上繁荣发达，却胜在民风淳朴。我的父母都是普通农民，没有受过多少文化教育，但为人朴实憨厚，做事踏实勤勉。从我记事起，父母就通过不断地言传身教，塑造了我坚韧的性格。”

史龙龙童年练武照片

史龙龙和武术结下不解之缘最早可以追溯至童年，当时村里经常会放映流动电影，其中以武侠片居多。看的次数多了，年仅6岁的他就开始向往成为武侠片中那样行侠仗义、惩恶扬善的大英雄。因此，不知不觉中，他就担当了同学心目中的“班级大侠”一角。对于他人遇到的困难，他总是乐于及时伸出援手，因此总是受到周围人的一致赞扬。同时，在父母及自身兴趣的引导下，他也正式走上了职业武术的训练之路。

2000年，史龙龙被当地的体育特色学校录取。父亲那时叮嘱的话至今还在他的脑海里：“一分耕耘一分收获，机会总是留给有准备的人。”武术向来不是一条好走的路，在学习武术基本功的时候，只因为当时的史龙龙在实力上仍和他人有差距，为了提高自身实力，他花费了无数个日夜，用超出别人一倍的训练时间来反复钻研每一个动作，支撑他的就是心中对武术的热爱和不想落后他人的坚韧意志。

机会总会降临到愿意奋斗拼搏的人身上，就在史龙龙即将升入初二时，省专业队派人来到他所在的体育学校，挑选后备人才。或许是对他这一年努力练习的回报和肯定，他成功被省专业队的老师选中，这令当时的他激动不已，心中暗暗发誓要好好抓住机会，成为一名专业的武术健将，不负父母和教练员的期望。

急流勇进：冠军的殊荣与痛苦的磨砺

2003年，史龙龙正式进入了河北省体育工作大队。在专业队里，他直率踏实、真诚热情，行事有担当有魄力，让与他打过交道的人都赞不绝口。为了能使武术水平迅速提升，他抓紧一切可利用的时间留在队里训练，以至于回家对他来说都成了一件难事。“在武术的训练过程中难免会遭受到很多的痛苦，受伤更是常态。实在扛不下去了，也会自己一个人躲起来偷偷地哭。”但也正是从那时候起，他的内心愈发坚韧独立。

在体育大队进行了为期一整年的专业训练后，为了支援西部体育事业的发展，史龙龙又被选拔进宁夏体育运动训练管理中心，进行更加深入的学习和培训。功夫不负有心人，几年过去，他通过不断地努力先后获得全国青少年武术套路锦标赛冠军、全国青少年武术套路冠军赛第一名、全国少数民族运动会（表演项目）第一名，用不凡的成绩屡屡斩获殊荣。

作为一名农村孩子，史龙龙能取得这些成绩并不容易。武术运动本身就是一项高危的体育项目，每一次训练都潜藏着危险。史龙龙至今记得在一次训练过程中，他的左臂被对手的长枪刺到，受了重伤。尽管伤口很深很痛，但为了不久之后就要到来的全国大赛，他还是咬着牙忍着疼痛坚持练习。那时正值夏天，伤口容易感染，因此他每天早上5点开始训练，下午还要跑去医务室换药，晚饭后还得继续练习，直至深夜。他也不是没考虑过放弃，伤口最严重的时候，连抬手都有被刀割一样的剧痛感。“但我的心里想的是坚持再坚持，这可能就是体育人的一种精神吧！”正是因为这样的坚持，史龙龙赢得了这场意义非凡且是他人生中的第一个全国赛冠军，登上了梦寐以求的领奖台，“当时脑袋里一片空白，不敢相信这是真的。”

终身学习：进击的求学训练之路

2008年，取得一系列武术比赛优异成绩的史龙龙成功被兰州大学特招，开始了他的大学时光。对于这来之不易的学习与训练兼得的机会，他倍感珍惜，每次代表母校去奋战比赛争夺荣誉时，他内心充溢着激动和自豪。在大学备赛的那些日子里，随着参加比赛的难度和对手实力的增加，他也经历了许多失败。最让他记忆犹新的是在一次大赛决赛中，因为一个小小的失误，在关键时刻他遗憾地与冠军失之交臂。他本就生性要强，只要是参加比赛，目光瞄准的向来都是第一名，所以这个结果让史龙龙在相当长的时间里一直沉浸在消极的挫败感中。

回到学校后，他就把自己整天关在训练室里没日没夜地训练，心里只有一个念头：拔高。那时他的状态很不好，一度有些走火入魔，什么劝都听不下去，直到有一天晕倒在训练室，被同学送到校医院，他才意识到不能再这样下去了。正因为这次经历，他逐渐平衡了心态，意识到尽管竞技体育追求战胜对手是重要的，但作为运动员，更应该以挑战自我为终身目标，无论是在心态上的修炼，还是在专业上的自我提高，都比单纯追求一场比赛胜利更能昭示自身的成长。运动员的目标是向冠军迈进，但一两次比赛失利不应该让心态失衡！

一枚枚奖牌，累累硕果为史龙龙的大学生活画上了一个完美的句号，同时学无止境这4个字也深深印刻在了他的心中。他说，一个人只有不断地学习提升，才能取得长足的进步。因此，史龙龙作了一个重要决定，那就是考研。当他提出考研这个想法时，尽管很多人都因他体育生的身份而并不看好他，但他依然能屏蔽掉任何外在杂音并坚定地投入备考学习中，因为他坚信：学习和训练其实是一样的，任何事情只要敢去想、敢去做就一定会取得成功。正是因为怀着这样的自信和不懈进取的意志，史龙龙成功考入了东北师范大学，走上了一条继续深造的道路。回顾史龙龙的求学历程，他想用一句话作为总结：充实而又不落遗憾，没有因为虚度年华而悔恨，也不因为碌碌无为而羞愧。

2015年史龙龙参加第十三届世界武术锦标赛

教学现场：史龙龙的体教热情

研究生毕业后，史龙龙有幸被邀请参加2016年中共中央、国务院春节团拜会，并获得了中国武协颁发的纪念证书。随后，在2016年9月，他正式加入首都体育学院，成为了一名武术与表演学院的教师，在他看来，首都体育学院的专业特色以及发展机会，是他职业道路上的不二选择。

起初为了让他更好地适应新的环境和身份，第一个学期学校只给他每周排了3节课，但这看似轻松的3节课，他却常常要备课到凌晨两三点。史龙龙回忆说："上课时我要给学生讲的每一句话，包括'大家好，我是……'，我都要先写下来再去背。我们搞体育的人都特别认真。"就算是这样细致的准备，也无法完全消除他面对学生时的紧张。"特别是我们主任站在边上的时候，我脑子里一片空白。"他笑道："有一次学生都看出来了，跟我说'老师你不要紧张'。"有几次，紧张的情绪甚至让他在教课的时候忘记了动作，他灵机一动，先让学生复习前面教过的动作，自己再快速回想下一个要教的动作。

说起学生，史龙龙说："有的学生，甚至不一定是本专业的学生，总会追着问我，这个动作怎么做，那个动作怎么回事，看到他们对武术感兴趣，我就觉得很欣慰。”在史龙龙看来，几个简单的动作，对学生来说学起来不容易，自己教起来也不容易。“一堂课下来看着他们汗流浃背，就挺有成就感的。”

教学七余载，何尝不算七年磨一剑，史龙龙在教师生涯中继续创造了一项项佳绩，不仅在学院的教学比赛中屡获桂冠，更在2023年11月一举拿下了北京高校第十三届青年教师教学基本功比赛一等奖、最受学生欢迎奖等一系列奖项，这标志着史龙龙的名字不仅走出学院，他的执教水平还得到了更广阔视野下的赞许和认同。淬炼自己多年的武术艺韵，史龙龙怀揣真诚教学的热忱对同学们倾囊相授，在首都体育学院这片求知圣地，他看到了学子们那披荆斩棘的斗志，映照出自己青春时代的影子。正是这份与学生共铸的不屈精神，诠释了首都体育学院校训：以挑战者精神拼搏创新。

史龙龙近年来所获得的教师荣誉（部分）

当然，史龙龙背后更大的光环，是他的另一个身份——2015年第十三届世界武术锦标赛男子对练冠军和2016年第一届世界杯武术套路比赛男子对练冠军。

走下赛场，走进课堂的史龙龙并不会专门

史龙龙在首都体育学院进行武术教学

跟学生介绍自己的冠军身份，但是当遇到学生不够投入的时候，他也会告诉学生："其实你们非常幸运，站在你面前的是世界冠军。"不少学生课下搜索了老师以前比赛、演出的视频，再回到课堂上时，对面前的老师多了一些敬佩，自然对武术课更热爱更专注了，同时也会不自觉地像赛场上争夺冠军那样提高对自己的要求。在课上，史龙龙也会和学生分享自己的训练、比赛经历，在他看来，这些经历是体育人之间的一种共鸣。

永远在路上：做有社会责任的体育追梦人

2017 年，史龙龙还很荣幸地参加了中央广播电视总台春节联欢晚会并在竞技类武术节目《中国骄傲》中担任主要演员，在短短 5 分钟的时间内，向观众表演了拳、刀、棍、剑、对练等传统中国功夫，展现了中华武术作为国之精粹"刚柔并济，内外兼修"的考究，也向全世界宣示武术实乃真正的"中国骄傲"！2017—2018 年期间，他还带领学生参加了"华夏风、功夫情"等武术巡演系列活动，受到了广泛好评。

如今的史龙龙，依然积极地投身在教育和公益事业的一线，不仅是指导同学们进行武

2022 年史龙龙在北京冬奥会进行赛事服务工作

术训练的好教练、好老师，更是愿意在同学们遇到挫折，例如比赛失误、受伤或是感到灰心的时刻，提供陪伴和支持的好朋友。他已经学会熟练运用自己的经验和智慧去开解并引导学生，帮助他们走出那些黎明前的晦暗时光。除了致力于教育，他也积极参与了众多国家级体育项目的服务工作，包括北京冬奥会、冬残奥会等重大赛事，每每作为赛事服务团队的一员，他都会不禁为国家办赛水平的不断提升和体育事业的长足进步深感骄傲。与此同时，史龙龙也一直热衷于对武术内蕴的传承和宣扬。这些年，他多次通过媒体平台或电视节目为武术精神和传统武术文化发声，让大众认识并了解武术。在日常生活里，他也主动参加体育助残的公益活动，比如帮助老年人和残疾人编排轮椅健身操，为其进行健身指导等。他深知一个人的力量有限，但是看着这么多人在他的帮助下恢复了身体机能，身体状态有所改善，他便觉得一切付出都是值得的。

“在赛场上我们可能会面临很多的问题，那时候想要放弃太容易了，举个手就可以下去了，但是如果面对困难坚持下来，那就是一种毅力。”在史龙龙心里，这种不懈的坚持，就是体育人身上最可贵的品质之一，也正是这种坚持，让他在武术的路上一直向前。回顾史龙龙之前的人生旅程，在这条武术之路上，种种困难磨练让他成长，促成了他的卓越。在未来的岁月里，他也会不遗余力地继续为武术教育、公益事业而奋斗前行，同时，他更希冀通过对武术文化和武术精神的弘扬，让这项中华优秀传统文化有机会能走向更大的辉煌，真正走上国际大舞台。

（本文由学生记者李一帆采写整理）

满丹丹 / 我的越野滑雪冠军故事

满丹丹 2017 年札幌亚冬会夺得中国首金后庆祝

心怀热爱，向光而行。

——满丹丹

满丹丹，1989 年 5 月 5 日出生于黑龙江省虎林市，中国越野滑雪队前队长。

2007 年，满丹丹获国际雪联越野滑雪世界杯短距离第 8 名，是中国在越野滑雪项目历史上最好成绩。2009 年，在国际越野滑雪巡回赛中获总冠军。2011 年，满丹丹再次在国际越野滑雪巡回赛中获得总冠军。2011 年哈萨克斯坦亚冬会，获得团体短距离亚军、接力季军。2016 年在日本札幌亚冬会中，获得短距离冠军、中国代表团首金，并被选为闭幕式旗手。

“无心插柳”带来人生转折

1989年5月5日，满丹丹出生于黑龙江省虎林市东方红林场。11岁那年，擅长跑跳的满丹丹，被“借”到新中村的校运动会，那次“替跑”，她无心插柳，却“敲”开了虎林体校的大门。

父母和班主任都坚决反对满丹丹去体校，理由是，这条路太苦了，她不是只有体育这条路。可满丹丹执拗地认为，这条路，能让她成为想成为的人。

7月份，满丹丹如愿进入虎林体校。枯燥乏味的训练并没影响满丹丹的心情，但被同学排挤，却让她一度很难过。那些父母常来看望的“阔绰”女孩歧视满丹丹，甚至不愿让教练把新的跑鞋分给她，集体活动也不让她参加。

满丹丹没被打倒，反而激发出斗志，一定要赢她们。她要求自己跟男生训练量同步，女生跑100圈，男生跑110圈，她就要求自己也跑110圈。每到晚上她特别害怕睡觉，因为早上一睁开眼睛，又要去训练。但满丹丹没偷过懒，她的各项成绩几乎都是第一。

1996年7岁的满丹丹在家中留影

2002年，满丹丹和队友参加省运会，接力拿了第一名，被省越野滑雪队李晓明教练选中。

大赛历练，成就冰雪前行路

第一次出国那年，满丹丹15岁，参加都灵冬奥会。她很兴奋，直到进了奥运村看见五环和国旗，低头看看自己衣服上的国旗，那一刻她才意识到，自己替祖国出征了。

那次比赛，满丹丹获得了短距离第53名，是国内运动员最好的成绩。可满丹丹不甘心，总觉得还可以更好。回国之后，满丹丹被调到国家队，跟着外教训练，成绩飞速提高。2007年，她在国际雪联越野滑雪世界杯赛上获得第8名，那是突破性的成绩，是中国在越野滑雪项目历史上最好的成绩，迄今为止，没人能闯进前8名。

2006 年在都灵冬奥会中获得短距离第 53 名

此后，满丹丹又连续参加两届奥运会，虽然成绩都是国内最好，但世界排名并不理想。

三届冬奥会，是一个成长和蜕变的过程。满丹丹也从一名小将变成了老将，但她清楚地认识到，越野滑雪是国内的落后项目，与其他国家的差距，并非个人加练就能追赶。

每到冬天，冻得口水和鼻涕流得满身都是，因为没时间擦鼻涕，零点几秒的时间，就可能丢掉冠军和名次。满丹丹常和队员开玩笑，比赛时，一定要把鼻涕甩到别人身上，那就意味着你滑在前面。

林海雪原，是很多人向往的地方，却是所有滑雪运动员的心理阴影。满丹丹回忆，有个训练基地在林海雪原的一个深沟里，早上 5 点半起床训练，温度表显示零下 47 摄氏度。

但再冷，也冷不过俄罗斯。2008 年，备战全国冬季运动会，在俄罗斯训练，满丹丹的脸被严重冻伤。教练是近视眼，看不见她的脸冻白了，中午睡觉起来，脸上鼓起一个个大水泡。俄罗斯盖的是毛毯，晚上睡觉，毛毯上的毛粘到脸上，一翻身，水泡被扯开，脓液流得到处

2008 年和队友第一次拿到全运会冠军

2009 年在国际越野滑雪巡回赛上一头栽向终点线，夺得冠军

都是。第二天，在脸上贴几层纱布，继续练。

满丹丹经常练到两眼发黑，一到终点，就趴在赛道上起不来，感觉到有人来扶，但眼睛看不见东西。2008 年，她和队友第一次拿到全运会冠军。

2009 年 1 月 6 日，在云南香格里拉参加国际越野滑雪巡回赛。海拔 3000 多米的高原、稀薄的空气、陡峭的山路，让人很难适应。因为缺氧，满丹丹抱着头在走廊溜达。挪威选手认为满丹丹高原反应，无法迎战，特别嚣张。可她扛住了，最终夺得冠军。

遭遇低谷期，险些放弃

没有人是天生的强者，每一个冠军的背后，都是伤痛、是忍耐、是誓死方休的坚持。满丹丹以为自己会一直滑下去，可从未想过，有一天打倒她的，不是失败，是失望。

2014 年，作为女队队长的满丹丹，被指插手队内事务，欺负小队员。按训练计划，满丹丹要带着器材进行“上雪”训练。可库门打开后，她却发现，此前国家队配发给她的部分滑板、雪杖、雪鞋和雪蜡均不见了踪迹。

那两年，满丹丹每天就是等领导，找领导谈话，找器材，等着安排外训，等着把器材拿回来。作为此前一系列赛事中成绩最好的选手，擅长短距离且被公认爆发力最强的满丹丹，没被允许参加女子团体短距离比赛，两项团体赛均被排除在外。

那两年，满丹丹几乎没有任何保障，没有教练、没有器材，甚至连队医都不敢给满丹丹按摩。有一次去芬兰训练，坐飞机发高烧，还是跳台的队医偷偷帮她处理的。

雪场上的灯光耀眼、璀璨，可满丹丹仿

2015 年在国际越野滑雪巡回赛中夺冠

佛在迷雾中，不断挣扎，仍找不到出口。2016 年 1 月到 7 月，满丹丹没参加训练。其间她曾回到哈尔滨的家中，天天不出门，不与外界联系。7 月份，彻底失望的她，决定退役。

这时，满丹丹接到安林彬部长的电话，他鼓励满丹丹，希望她有始有终，起码参加完第二年的亚冬会。

“有始有终”这 4 个字触动了满丹丹。回想起比赛时的心跳加速，满丹丹知道滑雪是她永难割舍的热爱，没法轻言放弃。

斩获金牌，人生再出发

2016 年 7 月 15 日，满丹丹开始恢复训练，此时距离 2017 年 2 月在日本札幌举行的亚冬会，仅剩 5 个月。

满丹丹夜以继日玩命猛练，连号称魔鬼教练的外教都劝满丹丹，别着急，慢慢来。可她知道，作为一名 27 岁的运动员，自己本就不年轻，又停训了半年，她必须抓住这次机会。

尽管在低谷期，满丹丹的心态成长了许多，外界的困扰让她选择看不见、听不到，专注于自己，心境已然不同。

然而，在出发去札幌的飞机上，满丹丹又遭受一个重大打击。下午 5 点 40 分办理托运时，微信收到堂哥发来的照片，父亲突然脑出血了。

可马上就要比赛了，她回不去了。穿着国家队的衣服，走出国门的那一刻，她代表的就不再是自己。那段时间满丹丹不敢开机，甚至不跟家人联系。后来好多人问她，比赛那天是什么状态，她都答不上来。

现在回想，那天到了比赛场地，进了蜡房，换衣服，准备活动试板，一路上内心意外的平静。以前，她会想今天谁滑得快，还会想冠军一定是自己的了。可那天，满丹丹脑海里什么都没有。

也许是这种状态帮助了满丹丹，她拿到了亚冬会的首金，之后跟队友参加接力比赛，又拿到了一枚银牌。比赛一结束，满丹丹第一时间打开手机，庆幸，全是好消息，父亲慢慢康复了，从电视上看到满丹丹夺冠，父母激动得泪流满面。

那天，一系列采访、尿检结束，坐大巴车回央视驻地直播，一路上，满丹丹没说话。坐到最后一排，她把大衣盖在头顶，哭了很久。满丹丹并不是爱哭的人，成为运动员后，唯一一次哭鼻子，是离开家进入虎林体校第一晚，她咬着被角偷偷哭了一小会儿，实在太想家了。

升国旗奏国歌的时候，满丹丹也没掉眼泪，内心全是满满的自豪感，终于代表祖国拿到了金牌。

2017 年在札幌亚冬会上获得金牌

2018 年退役后，在首都体育学院任讲师

2017 年在札幌亚冬会闭幕式上作为旗手挥舞国旗

队员给满丹丹起外号，叫逆生长运动员，不是颜值逆生长，是在逆境中生长。那天，满丹丹感觉自己涅槃重生了。闭幕式定她当旗手，那晚她把国旗挥得很高、很有力，她要让国旗在日本高高飘扬。

20 是一个数字，却是满丹丹全部的青春，她用 20 年的越野滑雪生涯，诠释了“热爱可抵岁月漫长”。一路走来，有荆棘密布，也有花团锦簇，幸好坚持到最后，终于看到曙光。

2018 年，满丹丹正式退役进入首都体育学院，成为一名讲师。人生路再次启航，她还是那个“心怀热爱，向光而行”的满丹丹。心存感恩之心，躬行积德之善，清楚知道自己的选择，无论顺境逆境，守住初心，方得始终。

（本文由学生记者陆之贺采写整理）

钟红燕 / 运动是一剂良药

2022 年在釜山亚运会获得女子单人皮艇 500 米项目冠军、双人皮艇 500 米项目冠军

面对人生困难，唯有自强不息。

——钟红燕

钟红燕，1978 年 11 月 29 日出生于浙江省桐乡市，中国皮划艇运动员。

1998 年，钟红燕获得曼谷亚运会女子双人皮艇 500 米冠军；1999 年至 2007 年，获得全国皮划艇锦标赛单人皮艇 500 米冠军；2002 年，获得世界锦标赛女子四人皮艇 1000 米亚军，同年，获得世界杯比利时站女子双人皮艇 500 米冠军、釜山亚运会女子单人皮艇 500 米冠军、双人皮艇 500 米冠军、四人皮艇 500 米冠军；2004 年，在世界杯德国站中，获得女子四人皮艇 500 米第三名、双人皮艇 500 米冠军；2005 年，在十运会中，获得单人皮艇、四人皮艇 500 米冠军；2006 年，获得广州世界杯单人皮艇 500 米、200 米冠军，四人皮艇 500 米、200 米冠军；2007 年，获得世界杯匈牙利站女子单人皮艇 500 米亚军；2023 年 4 月 15 日，获得 2023 中国漂流联赛（西藏工布江达县站）200 米静水双人漂流艇竞赛项目季军。截至 2023 年 11 月，钟红燕共获得奖牌 26 枚，其中金牌 19 枚，世界级比赛金牌 9 枚。

不敢回想的训练生活

钟红燕生于1978年11月，在她的家乡浙江省桐乡市，几乎所有孩子都是在水边长大的，也正是这个原因，才让她的整个运动生涯都无法和水分离。小时候的钟红燕就已经显露出运动天赋，她从小身高就比同龄人高，不仅比同龄女生要高很多，和男生相比也毫不逊色，这使得她在小学六年级时，就被当地的桐乡市少体校招录去训练皮划艇。当时还对皮划艇项目没什么概念的钟红燕，完全没有想到自己人生的第一个冠军，就是很多运动员为之奋斗终身的亚运会冠军。

皮划艇项目起源于欧洲，在20世纪八九十年代，大部分国人对皮划艇还没有什么概念，作为小学生的钟红燕也是如此。教练第一次带她去参观皮划艇的场所是一个游泳池，钟红燕看到以后非常喜欢，她以为这个项目就是在游泳池里比赛的，这对于一个从小就玩水的浙江人来说，简直是“正中下怀”，所以在参观结束以后，钟红燕坚持一定要去训练。但父母深知运动训练的不易，并不支持钟红燕走体育这条道路，而钟红燕却非常坚定，答应了父亲一旦开始就不能回头的要求。但直到正式开始训练以后，她才知道原来在泳池里的皮划艇，只是学习皮划艇的第一关，叫做“平衡关”。由于皮划艇的特殊构造，使得非专业皮划艇运动员很难在这条“小船”上保持平衡，一不小心整艘船都

2006年钟红燕在千岛湖国家训练基地训练

会翻掉，因此她当时第一次看到皮划艇的场所，并不是皮划艇这项运动真正发挥自己“能力”的地方，那里仅仅是这项运动的“餐前甜点”。

谈到自己在体校训练的这段时间，钟红燕直言“恐怖”，这个“恐怖”来源于两方面。一方面是对于一个10多岁的孩子来说，日复一日枯燥而繁重的训练，不仅考验着她的身体承受力，也是精神上的一种折磨。另一方面是来自对未来的迷茫，钟红燕说道，“我现在都很难想象当时是怎么坚持下来的，因为竞技体育是很极致的，比赌博还充满不确定性，竞技体育只有冠军。如果人生可以重来，我很难想象自己是否还有勇气继续选择这条道路。”但随着年龄的增长和成绩的积累，钟红燕也逐渐从“被迫”训练，为应付教练和父母的严厉催促，到主动“求练”，求胜心切。可能也正是这种“外部”和“内部”的共同推动，才造就了钟红燕年轻时的一个令人感叹的能力，即她的卧推重量能达到115千克。提到这件事，钟红燕非常谦虚，“我的确身体前侧的力量还行，但是后侧就不行，其实这也是训练的结果，即使一个人再有天赋，不经过训练也是达不到自己的目标的。”

比金牌更重要的是自我认同感

1998年曼谷亚运会前夕，钟红燕因为在省队训练时表现出色，被选入国家队，与全国各地最优秀的皮划艇运动员一起备战亚运会。钟红燕在回忆那段时光时说，“其实和省队相比，我感觉国家队没有什么太大的不同，但可能是因为你和全国最优秀的运动员在一起，所以在那个氛围下，你就不得不被感染到，那个努力训练的氛围就推动你自己也不断努力。”环境的重要性自然不言而喻，但是个人的主观能动性才是事物发展的决定性力量，否则钟红燕也无法在国家队训练时，每次都保持前三名，而当时国家队的规定就是，只有训练时的前三名才能去参加亚运会。

“我觉得我是值得骄傲的，或者说和其他很多运动员不一样的一点就是，我的第一个冠军就是亚运会冠军，不像其他很多运动员的第一个冠军一般都是全国冠军”，即使平时比较谦虚低调，钟红燕在谈到这件事时也忍不住为自己感到骄傲。而钟红燕所拿到的这个亚运会冠军，不仅是她的家乡桐乡市的第一个皮划艇亚运会冠军，也是嘉兴市和浙江省的第一个皮划艇亚运会冠军。这场比赛的成功自然而然地让钟红燕的家人、教练和身边的所有朋友为她感到开心，而对于她自己来说，这个冠军更多的是给她一种个人价值的认同感，让她觉得自己是可以在皮划艇运动员这条道路上走下去的，而且可以走得更远，有了成绩就有了走下去的信心。

每个人的人生都会有或多或少的遗憾，普通人可能还有时间或精力去懊悔，但对于运动员来说，因为很可能正在参加的赛事是自己人生只有一次的机会，所以他们的遗憾会放大更多倍，但他们却没有时间停下来去思考、去感叹。钟红燕在 2004 年雅典奥运会中，因为各种各样的原因交织在一起而错失了奖牌，但她却没有时间和精力消耗在这件事情上，因为紧接着全运会又要来了。而在全运会中，包括钟红燕在内的浙江省皮划艇队斩获了该项目的所有金牌。

运动员经历助力读博之路

钟红燕退役之后选择了继续进修，最终考取了博士并顺利毕业。作为一名运动员，大部分时间其实都在场馆中训练，留给自己学习文化课知识的时间并不多，但钟红燕却凭借自己在浙江省体育学校时所学的相关基础知识作为底子，成功地进入北京体育大学攻读博士学位。钟红燕说："我们浙江省体育学校实际上是特别好的学校，虽然是中专，但是我们学的知识都是现在本科生学的，像什么解剖、生理和运动训练，我中专就学过了，而且对这些知识都特别感兴趣，我觉得我能考上博士，跟我在读中专时打的底子有很大的关系。"与考博时的辛苦相比，读博对她来说却没有那么困难，因为钟红燕读博士时写作的很多论文，都与她的运动员经历有关，所以她的论文不仅能做到数据真实有效，关键是结论有说服力，因

2023 年钟红燕执裁杭州亚运会皮划艇项目

为她的冠军奖牌就是证明这些论文可行性的最鲜活的案例。在读博士期间，钟红燕无论是日常的各种学术论文，还是最终的博士论文答辩，都非常顺利，毕竟很多老师也只是“理论派”，没有像她这样的真实运动员经历，在某些问题上，她是无法被反驳的。

一个不爱较真的大学老师

博士毕业后，钟红燕进入首都体育学院当老师，继续传播自己的运动技能和体育精神。对于有过七八年教练员身份的钟红燕来说，前往大学当老师也并没有那么陌生，自己也并非是第一次扮演教师的角色，有所不同的是，钟红燕不需要再像当教练员那样，事无巨细地关心小孩了。钟红燕说：“当教练就是比保姆还保姆，你不仅得关心他成绩怎么样，还得看他吃得好不好、睡得好不好、心情好不好，还得教他为人处世的道理和社会生存的技能。现在当老师就没有那么多机会去了解学生了，所以还是希望学生能主动和我接触，多和我交流”。

被问及自己属于什么类型的老师时，钟红燕用“不较真”来形容自己，她特别喜欢在课堂上和同学辩论，希望通过这种方式来加深学生对知识的理解，曾有人问她：“万一你跟学生辩论的时候，学生把你辩倒了怎么办，那岂不是很难建立在学生面前的权威”，但钟红燕对此并不在意，“只要能帮助学生学到知识就好，我被学生辩倒了有什么关系？虽然目前还没有学生能辩倒我。”

钟红燕认为，给学生传承自己的知识、技能和精神的最好办法就是“融入”，把它们融入课堂中，面对不同的学生和不同场景，要有不同的教学方法。在给学生上课时，钟红燕喜欢站在学生的角度去引导他们，并且不喜欢给学生制订“太大、太空”的目标，她认为：“给学生要制订那种踮踮脚可以达到的目标才行，否则只会打击他们的自信心。”

最后钟红燕说，“运动是一剂良药，能帮人释放生活中的压力，理解成长过程中的失败，通过运动来认识人生、理解自己、感悟世界。”

（本文由学生记者纪超博采写整理）

倪晓莉 / 坚韧之路，脚步交响

2005 年亚洲室内田径公开赛女子 200 米决赛倪晓莉夺冠照片

刻苦的训练培养了我坚韧不拔的品格和忍受巨大痛苦的能力，这应该就是作为一名运动员最大的收获。

——倪晓莉

倪晓莉，1982 年 1 月 29 日出生，中国短跑运动员。先后获 2002 年亚洲运动会女子 200 米第二名、女子 4 × 100 米第一名，2002 年田径世界杯女子 4 × 100 米第一名，2003 年世界大学生运动会女子 4 × 100 米第一名，2005 年亚洲锦标赛女子 4 × 100 米第一名，2005 年全国运动会女子 4 × 100 米第一名。

全速奔跑的青年时代

今日中国，体育事业蓬勃发展，随着北京冬奥会的召开，冰雪运动逐渐进入了北京人民的生活，大家对体育运动更是投入了前所未有的热情，倪晓莉在退役以后读过一本书《运动改造大脑》，书中说过这样的话，“运动使我们的大脑处于最佳状态，不仅对身体有益而且有更为吸引人的优点，强健肌肉和增强心肺功能只是运动最基本的作用，运动最关键的作用是强健和改善大脑”。运动可以立刻增加多巴胺，使自己身心愉悦，可以带着愉悦的心情投入工作之中，提高工作效率。倪晓莉认为：“虽然我早已退役，但是体育运动却时刻伴随着我，作为一名退役运动员和现在的体育工作者，我感到无比光荣。”

作为一名田径运动员，倪晓莉从小学阶段就展现出了在跑步方面的天赋，快速奔跑能让她的内心无比快乐。和小伙伴们一起奔跑，不仅给童年增加了欢快的色彩，而且在那个年龄阶段快速奔跑，从青少年训练角度出发，给倪晓莉的速率节奏奠定了很好的基础。那时的倪晓莉未曾想过她也会和世界冠军邓亚萍一样，穿上国服，为国出征。

倪晓莉在初二阶段进入无锡市体育运动学校。在进入体校以后她才真正地对体育项目有了初步的了解，体校里不光有田径运动员，还有很多倪晓莉从未接触过的体育项目，那时她便对体育有了更多的向往。

倪晓莉在体校作为走读生学习和训练了2年，因她在省级比赛中屡获冠军，所以很快就被选入江苏省田径队。1997年9月，倪晓莉背着行李与另一位队友一起怀着懵懂和憧憬的心情来到了南京。刚进省队的倪晓莉无比兴奋，她在省队里看见了只有在电视里才能看见的很多冠军，心里还从未认真思考过自己会登上怎样的领奖台。因为彼时年龄尚小，进入省队后倪晓莉只知道跟在师哥师姐身后认真训练，师哥师姐们很多都是全国冠军和亚洲冠军，倪晓莉当时的想法是如果她能跟上师姐的速度，那么她也就会成为冠军。于是她刻苦地训练，希望能早日成为全国冠军。

倪晓莉在进入省队半年时，因为一次训练时的跳跃练习，膝盖半月板撕裂。那是她从事竞技体育以后第一次受如此严重的伤，这次受伤差点导致倪晓莉的体育生涯终断。因为膝盖积水特别严重，医生建议抽积水治疗，但是不能保证积水抽掉后不会再产生积水。当时省队的队医坚决否定了这一治疗方案，坚持采用按摩手法和理疗的手段进行物理治疗，虽然恢复得很缓慢，但是能使倪晓莉的体育梦想继续，到今天为止，她依旧感激那位队医的坚持，没有他的坚持可能就没有之后倪晓莉的冠军之路。她很庆幸并感激在她的冠军之路上有像队医这样的人给予的帮助。

半年之后倪晓莉的膝盖完全恢复了，只是耽误了半年的训练，半年时间没有系统的训练，这对于一名运动员来说是很沮丧的，看着和她一起入队的队友都有了很大的进步，倪晓莉在心里暗下决心，一定要刻苦训练，早日赶上队友。她在心里为自己定了个小目标：获得国家级运动健将称号。

那时的倪晓莉尚不是一级运动员，却在心里奔着成为运动健将而努力，不可谓不是初生牛犊不怕虎。心中有目标脚下就有力量，在训练中倪晓莉始终跟在跑得最快的师姐后面，很快她的成绩就有了很大的进步，在全国城市运动会预选赛中获得了国家级健将称号。倪晓莉实现了她的第一个小目标，内心十分雀跃。倪晓莉记得当时教练在赛前激动地对她说，如果她达到了运动健将水平就给她一双进口钉鞋作为奖励。倪晓莉心里十分激动，在那个时期，即使有钱也买不到进口钉鞋，只有入选国家队的运动员国家才会配发钉鞋。倪晓莉的两位师姐都是国家队的运动员，所以她们都有国家队配发的钉鞋。倪晓莉为了她的第一个目标和心心念念的进口钉鞋，通过平时的刻苦训练和比赛时的完美发挥，成功地达到了运动健将水平。从此她坚信，只要努力就一定会有收获。

出奇优异的比赛成绩

达到了运动健将水平就好像运动成绩上了一个台阶，自此倪晓莉挤进了全国青年运动会前三名的阵容，慢慢在全国比赛中崭露头角，运动成绩稳步提升，在广东举行的全运会中，初出茅庐的倪晓莉在进入省队 3 年后获得了全运会 100 米和 200 米两个单项的第五名、4×100 米第二名、4×400 米第三名的优异成绩。那时她在队里属于小队员，亦不是重点队员，却通过年度的达标成绩进入了全运会的赛场。

初入全运会的赛场，倪晓莉因为年龄较小，对于全国最高水平的赛事未定任何目标，本着参与和积累比赛经验的目的去参赛。那时的她没想到，第一次参加全运会就非常成功，两个单项都达到了她的最高水平，那时倪晓莉逐渐意识到，她是属于比赛经常超水平发挥的运动员。

经历了一次全运会的洗礼，倪晓莉渐渐地成熟了，因为 2002 年有亚运会，倪晓莉悄悄地在心里给自己定了第二个目标，争取参加亚运会。有了目标之后，倪晓莉参与训练就更有动力了，加上那时她的身体机能各方面都处于黄金年龄，又经历了大赛的洗礼，各方面条件都比较成熟。通过和教练在训练上的配合和自己的努力付出，她成功入选韩国釜山亚运会的参赛阵容。在釜山亚运会 200 米的比赛中，因为是第一次参加高规格的国际比赛，教练无法跟随倪晓莉参赛，所以倪晓莉只能靠自己。站在决赛跑道上时，倪晓莉心里万分紧张，因为有一名外国选手临时放弃了比赛，决赛的跑道上少了一位选手，而且是她邻道的选手。倪晓莉因为紧张站到了隔壁跑道上，还好她及时发现了问题，快速纠正。这场比赛倪晓莉超水平发挥，跑出了个人最好成绩，拿到了 200 米单项第二名。赛后倪晓莉依旧有点小遗憾，虽然此次跑出了个人最好成绩，但是

摄于 2002 年田径世界杯（第二排左一）

如果当时能再冷静些，她其实有冲击冠军的可能。

倪晓莉对冠军充满了渴望，这也是她刻苦训练和不断努力的动力。从倪晓莉参加完釜山亚运会后，她陆续参加了多场国际比赛。曾参加的最高级别的国际比赛是田径世界杯，当年有很多著名的田径选手参赛，我国也派出了刘翔、史东鹏这样的具备国际水平的运动员参赛。这场比赛在西班牙举行，倪晓莉取得了 4×100 米接力第八名。这几场比赛也是她运动员生涯最辉煌的时期，取得了很多名次和荣誉。

虽痛犹荣的残酷伤病

但是伴随荣誉而来的是无数伤病，腰部的腰椎间盘突出，在训练中时时困扰着倪晓莉，经常使她无法系统训练。倪晓莉最严重的一次腰伤甚至导致她在比赛时无法正常完赛，赛后连上火车都困难，在此后很长一段时间都无法正常训练和比赛，最后只能打了封闭调整训练，很大程度上影响了她的运动成绩。说起伤病，职业运动员可能都深有体会，伤病永远伴随着优异的成绩。在倪晓莉第一次肌肉拉伤时，她的教练开玩笑似地对她说：“你要提高成绩了。”果不其然，肌肉拉伤治愈以后往往成绩都会有进步。现在肌肉拉伤对倪晓莉来说已经不算什么，她已经可以自己进行针对性处理和治疗，可以说是久病成医。而很多不明原因的久治难愈的伤病才最为困扰倪晓莉，因为会让她很长一段时间甚至一整个赛季都无法参赛。田径运动员的黄金期短暂，如果因为伤病而无法系统地训练和参赛就十分遗憾。倪晓莉因为长期无法治愈的伤病而不得不打封闭的伤就有好几处，从脚到腰，封闭都打了不下 20 针。至今让她记忆犹新的经历是打前脚掌部位封闭时不可忍受的疼痛。那时她因前脚掌部位不明原因的疼痛致使跑动时无法正常落地，在治疗无效的情况下只能选择打封闭来解决，倪晓莉耐疼，封闭也打过很多次，对此并不畏惧，但是打前脚掌还是第一次，也是她至今无法忘却的一次打封闭的经历，因为实在过于疼痛。在打完封闭后她才发现自己已经泪流满面。这些痛苦的经历也是倪晓莉运动员生涯的闪光点，只有当了运动员，经历了这些挫折，她才变得更坚强，运动生涯才更完美。

倪晓莉还参加过很多大学生运动会，例如韩国的世界大学生运动会等，都取得了不错的成绩，特别是在接力方面，多次在接力项目上取得冠军。她最大的遗憾是未能参加世界最高级别的运动会——奥运会。但倪晓莉依旧觉得自己已经收获了奥运会所体现的体育精神："更快、更高、更强"。刻苦的训练培养了她坚韧不拔的品格和忍受巨大痛苦的能力，这是她作为一名运动员最大的收获。它让倪晓莉在以后的人生中也能够一直不惧困难，勇往直前。

摄于斯里兰卡亚锦赛（右一）

（本文由学生记者朱邓梓佳采写整理）

隋宝库 / 在冰上，我从不怕失败

在2006年世界锦标赛中的比赛

永远不惧失利，敢于挑战任何不可能。

——隋宝库

隋宝库，1986年4月25日出生于黑龙江省佳木斯市，中国短道速滑运动员。

2003年，隋宝库获得世锦赛5000米接力季军；2004年世锦赛5000米接力亚军；2005年世锦赛5000米接力第四名、1500米第五名；同年，获得第十届全运会全能亚军；2005—2006年全国短道速滑联赛荷兰站5000米接力第三名，韩国站、中国站5000米接力亚军；2007年，获得亚运会1500米冠军、1000米第三名、5000米接力第二名；2007—2008年，获得全国短道速滑联赛长春站1000米冠军；2007年，获得亚冬会1500米冠军、1000米季军、5000米接力亚军；2009年，获得第十一届全运会短道速滑1500米冠军；2011年全国短道速滑联赛哈尔滨站1000米冠军。隋宝库拥有4枚世界级比赛冠军奖牌。

超越自我，追梦如昨

隋宝库1986年4月在佳木斯市出生。很小的时候，家人为培养他个人爱好，将他送去学习滑冰。他脑子灵光，悟性强，进步比一般孩子快。2001年15岁时入选佳木斯体工队。不到一年被调入省冰上训练中心短道速滑队，师从伊敏教练。在2004年世界杯系列赛中获得1500米冠军。在2005年第十届全运会短道速滑男子5000米接力决赛中，他为黑龙江省队夺得这个项目金牌立下汗马功劳。在2009年第十一届全运会短道速滑决赛上，接连获得男子全能和5000米接力两枚金牌。

从失利中奋起

2009年4月4日，在第十一届全运会短道速滑比赛中，黑龙江省与吉林省的争夺显得十分激烈。隋宝库在形势不利的情况下，夺得男子全能和5000米接力两枚金牌。然而，他的夺冠之路却不平坦……

在首先进行的全能1500米比赛中，隋宝库顺风顺水获得第一名。不料在第二天500米比赛中却栽了大跟头。

在预料中隋宝库最后一组出场，而这一组的比赛也确实“一波三折”。先是起跑后，在到达第一个弯道前，4名队员排到了一起。重新起跑，这次是因为隋宝库抢跑而被判犯规。第三次起跑才得以顺利进行。也许是受到重新起跑的影响，隋宝库一开始并没有占据有利位置。在争抢时，他还与浙江队的杨劲发生了碰撞，导致另一名选手摔出赛道，这次犯规也让隋宝库的成绩最后被取消。

他在这个项目上没有成绩，确实让不少人感到意外。这涉及他的全能成绩，弄不好这枚金牌就会旁落。

当晚，伊敏教练给他鼓劲：“不要紧，只要能拿下后面的两项比赛，你还是有希望获得这枚全能金牌的。”接着，伊敏教练对他后两场比赛的细节作了分析与部署。于是，隋宝库信心十足地出现在赛场上。

正像伊敏教练所预料的那样，隋宝库拿下全能1000米第一名，接着在3000米比赛中获得第四名。这样，他以总分76分的成绩，如愿以偿地获得了全能项目金牌。

对此，隋宝库拼搏的欲望更加强烈，他又与队友马云峰、张志强、高明配合，勇夺5000米接力项目金牌，使黑龙江省代表团一举囊括了第十一届全运会短道速滑男子全部金牌，书写了历史新篇章。

十六岁崭露头角，少年成名

儿童时代的隋宝库很淘气，家人为了能培养他个人兴趣与爱好，将他送到市体校学习滑冰。凡是执教过隋宝库的教练都说他脑子灵光，悟性很强，一路走来还算顺畅。2001 年 15 岁的他入选佳木斯体工队。不到一年，他如愿被调入省队。由于训练条件和环境的改善，隋宝库如鱼得水。

2006 年在都灵奥运会

不久，他就有了惊人之举。

在 2003 年 1 月举行的第十届冬运会上，年仅 16 岁的隋宝库在男子 7 圈追逐赛上，力克国内男子短道速滑领军人物李佳军成为这个赛事最大新闻，他也随之声名大噪。不久，隋宝库在全国短道速滑冠军赛上一人独揽了 3 金 2 银，成为一匹当之无愧的“黑马”。

次年，隋宝库正式入选国家男子短道速滑队，在这一年的全国短道速滑冠军赛上，一举获得男子 1000 米、1500 米和全能 3 项冠军，被授予 2004 年中国短道项目“最佳新人奖”。

在 2004 年的世界杯系列赛中，他取得了人生的又一个突破，在 1500 米决赛中，战胜了各国强手勇夺冠军，成为当年黑龙江省短道速滑男子项目中唯一的一位世界冠军。

勇于挑战强手

2006 年都灵冬运会之后，国家队“一哥”李佳军退役，本来与强敌韩国队有差距的中国队，实力大受影响。谁能接过李佳军的班而成为“一哥”呢？

2007 年初，第六届亚冬会在长春市揭幕。中国队与“老冤家”韩国队不期而遇。中国队主教练李琰派遣李野、隋宝库和刘小亮 3 人出战，而韩国队则由都灵冬奥会“三冠王”安贤洙领衔。真是“冤家路窄”。短道速滑男子 1500 米的决赛争夺恰恰在中韩选手之间展开，两队各有 3 名选手晋级。

韩国队果真厉害。在决赛的前半程，中国选手一直被韩国选手压制，似乎大局已定。然而就在比赛将要结束时，隋宝库突然发力，果断地从外道超越，最终以微弱的优势力压都灵冬奥会冠军安贤洙，收获一枚金牌，在短道速滑男子项目上实现了突破。此役过后，各大媒体竞相报道。对于隋宝库的夺冠，他们也纷纷用“惊喜”“一鸣惊人”“奇迹”等词来形容。

当天，中国代表团举行了长春亚冬会前半程比赛总结会，隋宝库成为重点表扬对象。“隋宝库在最后阶段突然发力，连超冬奥会‘三冠王’安贤洙领衔的3名韩国高手率先冲线，正是不畏强手、极佳精神风貌的体现。”时任中国代表团副秘书长刘晓农强调，“这可是近几年来中国选手首次在这个项目上战胜韩国人，的确让中国队士气大振”。

截至2007年1月13日，中国选手在亚冬会开幕以来的3天比赛中斩获12金，不仅高居金牌榜榜首，而且已超越上届的全部金牌数（9枚）。

为此，刘晓农以“开局良好”“队员精神面貌良好”和“成绩良好”作为中国军团前半程的总结。其中，隋宝库在3个“良好”中，都受到表扬。

在前行的路上，隋宝库不断有上乘表现。

2008年1月30日，在短道速滑世界杯系列赛中国站最后一天的比赛中，中国女队摘取了首枚金牌，并在女子500米第二组比赛中包揽了前3名，掀起了冰上的红色旋风。然而在赛场上，中国女队并非唯一的主角，隋宝库在男子500米第二组决赛中两次摔倒后重新出发摘铜，由隋宝库、李野等选手组成的中国队在5000米接力中有惊无险获得亚军，让人们看到了中国男队团结上进、大有希望的前景，同时这支年轻的队伍在经验与能力上仍有很大提升空间。

2009年隋宝库在全运会比赛上获得金牌

在这次比赛男子500米第二组决赛中，隋宝库与韩国选手盛锡贝、意大利选手尼古拉和加拿大名将奥利维尔一同站在了起跑线上。这本是一场没有太大悬念的比赛，但比赛的过程还是让人们感到紧张。原来，当决赛枪声响后，隋宝库、盛锡贝和另外一名选手在争抢中同时摔倒，比赛被判重新开始。没有想到的是，在第二次发令枪响后，隋宝库、盛锡贝又在激烈的身体接触后同时摔倒，同时影响到了另一位选手，比赛再一次重新出发。

此时，隋宝库与盛锡贝的竞争有些被放大的“嫌疑”，因为盛锡贝是该项目的世界纪录保持者，拥有绝对优势，重新回到起跑线的隋宝库也不禁笑了起来，并且用拳头轻轻砸了砸自己的胸膛，为自己舒缓一下紧张的情绪，同时也为自己打打气。第三次起跑后，隋宝库没有受前两次摔倒的影响，他像利箭一样飞出，并一举占据了第二名的有利位置，力压盛锡贝。虽然隋宝库在比赛中途被超越，最终名列第三，但他关键时刻敢拼敢搏，彰显了体育精神。

（本文由学生记者纪超博采写整理）

杨静 / 过往皆为序章

杨静练习剑术

人生，唯有不断地前行，才是生命的常态。

——杨静

杨静，1973年出生，首都体育学院教授、研究生导师，国家级运动健将、国家级武术裁判，曾获得第四届亚洲武术锦标赛太极拳冠军，全国武术锦标赛太极拳、太极剑、对练、集体项目冠军；北京市中青年骨干教师；中共中央组织部太极拳协会、中央国家机关太极拳协会受聘专家；北京市武术协会副秘书长。从事太极拳运动30多年，先后师从国内多位太极名师，历经多年的刻苦磨练，继承了中国传统太极拳的精髓，结合现代竞赛太极拳的特点，逐渐形成了自己的演练风格。长期活跃在太极拳训练、教学、科研及社会实践活动的第一线，具有非常全面的综合实践能力和教学经验，培养出多名获得国家级运动健将称号的学生。在武术界知名度极高，是武术同仁公认的太极推广杰出代表人物。

多次出访美国、日本、澳大利亚、德国、中国香港等国家和地区进行太极拳教学活动。作为国家体育总局专家组成员担任中国海外段位制太极拳的培训和考评工作。

编著有《民族传统体育专业选修课教材——太极拳》《民族传统体育专业选修课教材——太极剑术》《42式太极拳》《42式太极剑》《24式太极拳》《冠军教你学太极》等专业太极拳教材，在核心期刊发表了多篇学术论文。

杨静的武术人生：被动的选择

杨静是一个不太愿意回忆过去的人。距离退役已经整整25年了，因为有了这次接受采访的契机，她才第一次有机会仔细地梳理过往，去回顾自己的运动员经历。往事像是被尘封在一个匣子里，一经触动，便化作微尘在阳光下弥散，而后逐渐聚成片段串联在一起，审视它，竟然有一种跳脱出自己的感觉，恍惚间像是在看另一个人的人生。

杨静从小习武是因为她的父亲，她的父亲是一个爱好广泛，同时热衷于培养孩子的人，这一点在如今看来非常普遍，但在20世纪70年代，这是一件挺与众不同的事情。父亲的培养相当“简单粗暴”，完全是基于他个人的爱好出发，也不存在因材施教的意识，因此父亲让喜欢绘画的杨静学习了武术，让喜欢音乐的弟弟学习了绘画。然而弟弟从初中起就因课业紧张再也没有拿起过画笔，自幼习武的杨静却终究是阴差阳错地按照父亲所期待的路走了过来。

从4岁起，杨静就开始抽筋、压腿、翻跟头，一开始倒也从不觉得苦，但随着自己慢慢得到了周围人的关注和认可，她所承载的期望值也越来越高。在体校里，别人练习时她在练，别人散了她还在练，如果不巧有哪个动作没练好，她还会在回到家后，借着楼下微弱的灯光继续练，一直练到满意为止。到小学时，杨静就几乎包揽了天津市武术比赛同级别项目组的所有冠军。谈及童年，她说如果有什么遗憾，那就是缺少了太多像其他孩子那样无忧无虑地嬉戏与闲暇时光。

11岁时，杨静就顺利入选了专业队，开始了自己的职业武术生涯。当时她所在的队在全国各省区市代表队中绝对是个神奇的存在，由于建队晚，教练的主张就是要从别人不愿意啃的硬项入手，尽快见成效、出成绩。所谓的硬项就是其他队都不太愿意练的对练和地趟类项目，因为这两个项目对身体的伤害非常大，它们的共同点就是跌扑滚翻的动作居多，危险系数较高，在没有什么理论和经验指导的情况下进行训练，那种疼痛和恐惧可想而知。因此，多年后，杨静在亚洲武术锦标赛中夺得太极拳冠军之前，就已经在全国武术锦标赛的对练项目和地趟拳项目中获得了冠军。这样的成

杨静幼时在天津习武照

绩在所有太极拳选手当中是罕见的，然而，这段经历背后伴随的是她太多不为人知的心酸和伤痛。

除此之外，队里的竞争也是常态，封闭的训练环境、高强度的训练、人人自危的氛围都令人喘不过气。性格内向的杨静，无可避免也无法逃避，但好在这样的环境也锻炼了她的意志，磨练了她的心性，使她更好地理解了包容和忍耐的可贵，所谓其责己重以周，其待人轻以约。

杨静 8 岁时初露锋芒并夺得天津市青少年武术比赛冠军

杨静的武术转折：命运的安排

近些年来太极拳备受追捧，很多人都对杨静说，当初选练太极拳就选对了，太有眼光了！但熟悉现代竞技武术发展的人都知道，20 世纪 80 年代乃至以前，在全国武术锦标赛中，太极拳一直是个冷门项目，全国省区市代表队几乎没什么人会练。事态的转机是在 20 世纪 80 年代末，由于北京成功获得 1990 年亚运会的主办权，竞技武术第一次被列为亚运会的正式比赛项目，在项目设置上太极拳位列其中，因此在亚运会举办前两年，全国武术锦标赛就在比赛规程中要求每个省区市代表队必须要报名参加太极拳项目。谁都知道太极拳极其吃功夫，属于慢工出细活，没个三五年根本看不出来效果，所以运动队里谁都不愿意去改项。当时已经取得集体地趟拳全国冠军的杨静，对练项目正蒸蒸日上，长拳类项目也在全国比赛中崭露头角，如果转项练太极，就意味着之前的苦几乎白受了。这是因为太极拳运动和其他项目不同，太极拳属于主要发展慢缩肌纤维的运动，与其他项目正好相反，用现在运动学的理解，就是要求在五六分钟之间，以膝关节曲度为 90 ~ 120 度的标准完成一套低姿势、高难度、缓慢持久、细致精微的拳术演练，因此需要强大的下肢力量和身体控制能力。俗话说，台上一分钟，台下十年功，杨静在太极拳赛场上几分钟的技术表现所需要的，是对之前训练体系的全盘颠覆。更加不利的是，杨静当时所在的专业队没有太极拳传统，教练也不懂太极拳，同时，队伍正处在新老交替之际，人心惶惶。就在这种情况下，杨静被硬性调整去改练了太极拳。瞬间，对她来说，一切都清零了，太极拳的学习之路自此开始，始于一知半解，始于懵懂模仿他人，“莫之为而为者，天也，莫之致而至者，命也。”杨静如今想来，只觉得命运很是奇妙。

被动与主动的辨证关系：逆境的磨练

以往在队里的时候，竞争激烈，环境闭塞，杨静不得不自己消化所有的情绪，因此她很早便养成了自省和反思的习惯，也正是这种习惯帮助她在未来的很多次决定中，能够较为客观地看待和评价自己，既不怨天尤人，也避免妄自菲薄。当年队里人员调整，换了教练，杨静也面临着退役或者继续训练的两种选择，退役上学是她一直以来的心愿，实际上当时的她也已经递交了退役申请，然而能在专业道路上再更进一步亦是她深藏在心中的一个梦想、一个情结。这时候事情的发展出现了转折，新来的教练对她表示，如果来年她能在锦标赛打进决赛就继续练下去，如果进不了决赛，就去上学。当时的杨静都怀疑自己听错了，因为对于太极拳零起点的她来说，打进决赛就意味着要进入全国前八名，这几乎是天方夜谭。为此，教练给了杨静 3 天的时间考虑。

那个傍晚，杨静围着训练基地后面的鱼池走了一圈又一圈，思绪翻江倒海般涌现。当时队里的情况是老教练已经离开，对新教练还不够熟悉。由于项目改变，一切都停滞不前，此时有机会去上学是一个非常不错的机遇，但她却迟迟难以抉择。终于，走得精疲力尽的她坐了下来，望着池水，思绪逐渐平静，从小到大习武的点点滴滴浮现在眼前，楼前微弱灯光下锲而不舍的坚持、自小离家孤独无助中的坚忍、失败与失落中百折不挠的坚守，所有一切的努力都好像缺少一个契机来修得一个结果，一个能够让自己心安理得地放下过往重新开始的结果。是的，她不能释怀自己的付出不了了之，她需要给自己的过往一个满意的交待，在重新评估了自己优劣势之后，她决定接受教练的建议，留队训练并开始专攻太极拳项目。

那年冬天，教练带着杨静和队友第一次远赴福建进行冬训，与当时全国最优秀的太极拳运动员们一起训练。由于基础薄弱，开始的时候她只能跟在福建队队员的后面模仿，福建队教练给队员讲动作的时候，她会格外用心聆听。每天的训练她都保持着早来晚走，没有节假日，所有的训练内容、技术要点都要不断复盘，经常半夜醒来还要揣摩体会，生怕刚刚找到的“劲儿”消失了。就这样，冬训过半的时候，在一天的训练课上，杨静突然发现福建队教练居然不讲普通话了，令她大为不解，后来过了几天，才有一个相处不错的福建队队员对她说，教练说不能再教她了，因为杨静很快就成为他们的竞争对手了。这是杨静第一次在太极拳的学习之路上正式地得到“肯定”，虽然有许多无奈，但也更加坚定了她努力的方向。

自我发现：听从内心的声音

有句话说得好，没有真正的坏天气，只有准备不足的登山者。既然有了方向，努力就变得有的放矢。如教练所愿，在第 2 年的锦标赛中，杨静顺利打进了决赛，并在接下来的 5 年里连续取得了全国武术锦标赛太极拳、太极剑、对练等项目的冠军，于 1996 年入选了国家队并担任女队队长，同年又取得了第四届亚洲武术锦标赛女子太极拳冠军。

如果事物的发展是直线上升的，那么人生也将错过很多风景，接受事与愿违成为了杨静生活中的常态。1997 年全运会，受诸多因素的影响，杨静被调整到上海队，因此原本的对练搭档被拆散了，原计划对练和太极拳两个项目一起冲金的希望落空，杨静只能孤注一掷地去拼太极拳这一个项目了。然而谈何容易，当时女子太极拳冠军的争夺异常激烈，老将复出，名将云集。由于初到异地，生活环境陌生、训练条件不足，加之伤病频发，杨静最终与金牌失之交臂。赛后，教练和领队都希望她留下，并以来年的世界锦标赛参赛资格作为补偿，但杨静思索再三后还是拒绝了。与之前不同的是，这一次，她内心很清楚地知道，她对于自己的比赛生涯已有了交待，可以放下了。生活的一切精妙之处都定格在坚持和放手的瞬间，多年后，杨静也深深为自己的这个决定感到欣慰。

1996 年杨静在菲律宾获得第四届亚锦赛女子太极拳冠军

从武道到师道：最好的安排

退役之后，留校任教的生活远没有杨静想的轻松惬意，突然间，一切都变得陌生，一切都要重新开始，即便已经做足了心理准备，她还是有些措手不及。

首先她要克服的就是被动的习惯，由于自小就在专业队，大到训练比赛，小到饮食起居，都是被安排好的，凡事无需操心，方向目标也很明确。到了新的工作岗位上，杨静一时失去了重心，感到茫然无措。其次是面临着“价值感”的缺失，在训练和比赛时，努力拼搏的目标是为国争光、为省区市争取荣誉、为自我实现价值。然而，面对一群武术零基础的学生时，她顿然感受到一种失落感，心里不时地问自己：目标是什么？价值在哪里？虽然思想上暂时理不出头绪，但日常的教学她却从不敢懈怠，从备课到教学的实施都一丝不苟，这得益于她多年训练所形成的专业素养，凡事要么不做，要做就全力以赴，力求完美。

就在第一个学期快要结束的时候，班上的一名学生走过来对她说：“老师，我有一件礼物想送给您。”杨静怔了一下，不免也有些紧张。紧接着，学生从包里拿出一本《钢铁是怎样炼成的》，他说：“老师，我很喜欢保尔·柯察金，欣赏他坚韧不拔的精神与气质，我觉得您身上也有那股子劲，我希望与您共勉。”当时，杨静觉得自己被突如其来的巨大的价值感所包

2019 年杨静在全国武术套路锦标赛（太极拳赛区）对学生进行指导

围。原来，老师的一言一行无时无刻不被学生看在眼里，记在心里；原来，老师的所作所为都会潜移默化地影响学生，成为学生的榜样。再到后来，杨静到北京师范大学进修读研，看到校训“学为人师，行为世范”之时，感慨万千，深刻体会到一名老师最普通也最伟大的责任就在于传道、授业、解惑。教书二十余载，她深深感受到践行这6个字将是一生不断精进的学问。

过去从事专业训练时，一个优秀运动员的全能成绩非常重要，它体现了运动员的综合实力和自身竞争力。然而，进入首都体育学院任教以来，杨静发现高校也是真正锻炼全能的另一个“战场”。教师岗位对综合能力的要求非常高，不仅要搞好教学，还要做好科研，同时还要关注社会并做好公益服务等。要适应这种高强度、高标准的要求，只有不断学习。因此，在杨静看来，高校为专业运动员不仅提供了广阔的发展空间，还创造了丰富的学习条件，同时也提出了更高的要求、寄予了更多的希望。借用NBA火箭队前主教练鲁迪·汤姆贾诺维奇说的一句话：“永远不要低估一颗冠军的心。”是的，从运动赛场上转型并不容易，但是放下冠军的姿态以挑战者的精神拼搏创新不正是对首都体育学院校训最好的诠释吗？从昔日的自我攀登到今日助力他人成才，从昔日自己登上冠军领奖台到培养学生站在新的比赛舞台上，这不仅仅是自我价值的提升，更传递了一份薪火相传的希望。人生，唯有不断地前行，才是生命的常态。

（本文由学生记者李一帆采写整理）

张开印 / 永不言败的散打王者

2013 年 11 月，张开印在第十二届世界武术散打锦标赛中夺得金牌

于我而言，散打已不仅是一项运动，更是一种生活态度。

——张开印

张开印，1987 年 3 月 3 日出生于河南省商丘市，中国散打运动员，国际级运动健将，现任首都体育学院武术与表演学院搏击教研室讲师。

2002 年，张开印改学散打。2004 年 3 月，张开印在全国青少年散打锦标赛中荣获 75 公斤级冠军；2007 年，在“伊朗总统杯”中获得 80 公斤级冠军；2010 年获全国武术散打锦标赛 75 公斤级总冠军；2011 年 11 月，在 WMA 中国武术职业联赛明星赛中夺冠；2013 年 11 月，在第十二届世界武术散打锦标赛中夺得金牌；2015 年获首届全国体育院校功夫全能技大奖赛 77 公斤级项目冠军。

训练填满

我是张开印[1]，一个来自中国的散打选手。在过去几年里，我经历了许多训练和比赛，塑造了我成为散打王的道路。现在，我将与你分享我的故事。

我从小就对武术充满热爱。小时候，经常看电视上的武术比赛，看那些身强力壮的选手，在擂台上尽情展示力量与技巧。我憧憬有一天也能站在那个舞台上。于是我决定投身散打这项运动。

训练是成为散打选手的第一步。我每天都会早早起床，穿上运动服，前往训练场。我曾被训练的严苛吓到，但我知道，这是成为一名优秀选手的必经之路。我的教练是一位经验丰富的前散打冠军，他教我的，不仅是如何提高技战术，还有如何保持意志力。

在训练中，我历经数不清的挫折、痛苦。有时我感到体力透支而疲惫不堪，但我知道，我必须坚持下去。我每天在拳击场上开展数百次训练，不断提升拳法和腿法；我与其他选手搏斗，锻炼反应速度和战术技巧；我还进行大量的体能训练，包括力量训练、耐力训练，以确保在比赛中保持最佳状态。

一日、十日、百日……长此以往，我逐渐成长为一名出色的选手，技战术水平得到提高，力量和速度也逐渐提升。我开始参加本地及国家级散打比赛，并逐渐积累了一系列胜利。

事实证明，量变引发质变。你所付出的每一滴汗水、每一份努力，在日后都会以不同的形式给你回报。所以，不必急于求成，只管辛勤耕耘、挥洒激情。

在比赛中，每一次对决都是一场激烈的较量。我面对各色对手，有些是经验丰富的老将，有些是年轻而有潜力的新秀。每场比赛都

训练瞬间（1）

① 经采访者与被采访者确认后，本文以第一人称表述。

是考验技术和意志力的宝贵机会。我学会了保持冷静，聚焦比赛，不受干扰。我知道，只有全力以赴地努力，不断精进技战术，才能让我在擂台上取得胜利。

在我的职业生涯中，曾赢得过多个锦标赛冠军。这些胜利不仅是对自己训练和付出的肯定，也是我成长为一名优秀选手的证明。但是，我并不满足于此。我知道，还有许多更高的目标等待我去追求。

随着时间推移，我的名字在散打界开始崭露头角。我赢得越来越多的比赛，获得更多冠军头衔。这些胜利不仅是个人荣耀，也是中国散打的骄傲。我的技战术得到了更多人的认可和赞赏，我成了许多人的偶像和榜样。

不过我知道，成功并不意味着终点。散打需要的是持续努力与进步。我时刻保持对自己的高标准，力求完美。很多时候，你的对手失败了，不意味着你就胜利了，人真正需要战胜的往往是自己。

训练瞬间（2）

每天，我都会继续开展技战术与体能训练。我会寻找新的训练技巧，不断突破自己的局限，追求更高的水平。

我的训练计划非常严格且系统化。早晨进行有氧运动，比如慢跑、跳绳等，以增强我的耐力和爆发力。接着，我会进行力量训练，包括举重、器械锻炼等，以增加肌肉力量和爆发力。下午主要集中在技战术训练上，我与教练及其他伙伴进行实战对抗，不断磨砺技术和反应能力。晚上，我开展身体灵活性和平衡度训练，如瑜伽等。

除了个人训练，我也经常参加国际比赛。这些比赛给了我机会，与来自世界各地的顶尖选手交锋，互相切磋、彼此学习。每场比赛都是一次新挑战，我要调整自己的战术，适应对手风格，并找到获胜方式。这些比赛让我更坚定了自己的目标：不断进步，成为散打界的佼佼者。

在训练和比赛之外，我也始终注重自己的身体和心理健康：定期体检，保持良好的体能和健康状态；注重休息和放松，以保持精神的集中和稳定；我会进行冥想和呼吸练习，以平衡内心的状态，增强注意力和意志力。

书写厚度

散打之余，我也积极参加公益活动。我定期举办散打培训营和慈善赛事，为渴望学习散打的年轻人提供机会，也为慈善机构筹集资金，希望通过自己的努力和影响力，为社会作出一些积极贡献。我清楚地知道，作为一名公众人物，我有责任回馈社会。因为每个人的成功都离不开社会资源的倾斜、社会环境的造就，人成为强者后，都有责任回馈社会、帮扶弱小。教育是一棵树推动另一棵树、一朵云唤醒另一朵云，是灵魂与灵魂的交流。仔细想来，公益事业又何尝不是呢?

在比赛中，我经历了胜利和失败的起伏，前者让我欣喜，但失败教会我更多，让我学会谦逊、坚持，激发我愈加努力的动力，让散打王者的故事更有厚度。把书读厚大抵也如此强调，用自己的经历和感悟不断填充自己的灵魂，使其更加充盈、丰满。

除个人成绩外，我也始终铭记自己的使命和责任。我为自己是中国人而自豪，为能代表中国参赛而骄傲。我深知，我的背后有家人、有教练、有粉丝，有千千万万支持我的人，我必须用努力和成绩回报他们的支持和期望。

在训练和比赛中，我与其他优秀的散打选手交流经验、切磋技艺，相互激励和成长。

我也希望能够成为年青一代散打选手的榜样，激励他们坚持梦想，追求卓越。我愿意分享自己的故事和经验，激发更多人对散打的兴趣和热爱。

散打之路充满了挑战和不确定性。但我相信，只要我坚持训练、保持热情，并始终相信自己的能力，就能够不断前进，实现自己的目标。无论遇到多大困难和挫折，我都会坚持不懈，永不放弃。因为散打已经成为我生命的一部分，它代表着我的梦想、执着和勇气，是我的座右铭，其中蕴含的价值充盈而丰满，也是自己一笔一划、用血与泪书写滋养的。

赛出信念

在我的职业生涯中，也经历过许多难以忘怀的比赛和训练时刻。

训练瞬间（3）

还记得，我参加的首场国际散打锦标赛。由于是首次参加国际比赛，我非常紧张，这场比赛将是一次重大的考验，因为我即将面对的，是世界各地的顶尖散打选手。

比赛前几轮，我对阵几位实力不俗的对手。每场对决都是一场惊心动魄的战斗，我付出全部心力才可能取胜。我感受到台下观众的热情呐喊和掌声，也燃起了更大的斗志。到了半决赛，我的对手经验丰富且身形魁梧，他

比赛瞬间

的力量和技巧带给我很大压力。但我并没有退缩，凭借自己的速度和灵活性，不断出拳出腿，试图找到突破对方防线的机会，经过艰苦对抗，最终如愿获胜。我为自己成功晋级感到欣慰，也对赛场上对手不俗的散打实力充满敬意。

决赛是一场殊死搏斗，我的对手以强大的力量和耐力闻名，我必须全身心投入。比赛开始，我和对手展开激烈交锋。他的攻势十分猛烈，我必须保持警惕，迅速躲避他的攻击，并寻找反击的机会。双方互为攻守、战况胶着，场内的气氛随之紧张而激烈。经过几轮激战，我渐渐找到对手的弱点，把握速度和技巧适时发起连续进攻，最终成功将对手击败，赢得了比赛。我跪在地上，不停地喘息，意识逐渐恢复，感受着场内的热烈气氛，享受这份来之不易的胜利。

经过这场比赛，我明白了一个道理，那就是，无论面对多大困难和压力，只要坚定信念、坚持不懈、勇往直前，就一定能够战胜一切。这次胜利不仅是对我个人的肯定，也是中国散打的胜利。

我的态度

永不言败

于我而言，散打已不仅是一项运动，更是一种生活态度。它教会了我坚韧不拔、勇往直前的精神，让我在困难面前不屈不挠。我将继续努力，不断挑战自我，参加更多国际比赛，赢得更多荣誉和头衔。我也期望推动散打运动的发展，为中国散打作出更多贡献。我将积极参与散打的普及推广活动，帮助更多人了解和热爱散打，让这项运动在全球范围内得到更大的认可和关注。

无论未来如何，我将始终怀揣对散打的热爱，永不放弃追求卓越的决心。这是我的散打故事和经历，也是每一个不断追求进步、永不言败的散打王者的故事。

（本文由学生记者王兵杰采写整理）

郭玉峰 / 在低谷处学会绝地反击

郭玉峰获 2009 年全国武术套路冠军赛（传统项目赛区）翻子拳冠军

相信每一个投身体育运动的人，都有一个魂牵梦绕、难以割舍的“冠军梦”。

——郭玉峰

郭玉峰，1987 年出生于河南省安阳市，首都体育学院武术与表演学院武术套路教研室教师。

2001 年，郭玉峰获得第一届亚洲青少年武术锦标赛冠军；2003 年，获得中华人民共和国第五届城市运动会南拳项目铜牌。2004 年，获得全国武术套路冠军赛（传统项目赛区）传统南拳亚军；2008 年获得全国大学生武术锦标赛团体冠军、翻子拳冠军；2008、2009 年获得全国武术套路冠军赛（传统项目赛区）翻子拳冠军。

我的眼前只有终点线

“相信每一个投身体育运动的人，都有一个魂牵梦绕、难以割舍的‘冠军梦’，我也是。”

郭玉峰，出生在河南省安阳市，首都体育学院武术与表演学院武术套路教研室教师。在他10多年的运动生涯中，曾因髌骨受伤不得不在15岁那年，被迫中止了自己一路辉煌的逐梦之旅，但是“冠军梦”吸引着他，对冠军的渴望激励他克服伤痛，在经过一年的治疗康复后重返赛场，继续做那个不屈不挠的追梦人。在北京体育大学武术学院读书期间，因缘际会，郭玉峰有幸接触武术教练工作，从那时起他的“冠军梦”的内容增加了：除了努力让自己成为冠军，也要培养他的学生成为冠军，成了他人生新的兴奋点。所以，他的“冠军”生涯由两部分组成：成为冠军、培养冠军。

郭玉峰说他与武术结缘始于1996年，那年他刚9岁。

由于搬家，他家住在了河南省安阳市体育运动学校的附近。那时每天放学后都有17：30的“动画城”和18：10的“大风车”等着他，“精彩缤纷，绚烂多彩”且悠游自在的课余生活，终于有一天让崇尚“奋斗的人生才有价值”的妈妈看不下去了，在她的引导和要求下，郭玉峰来到了河南省安阳市体校开始进行业余武术训练，并有幸结识了他的启蒙教练——郑爱民老师。郑老师原是河南省体工队武术队队员，那时刚刚从上海体育大学毕业，回到家乡从事武术教练工作。9岁对于从事武术运动而言，虽不算晚，但也算不早了，起初郭玉峰的启蒙教练对他能否通过训练达到武术柔韧要求是有疑虑的，但训练中的一个小插曲让郑爱民老师坚信他可以教出来。

“那是一个炎热的夏天，我们所有业余队员在400米操场上进行冲刺跑圈。刚一起跑，我的鞋就掉了，但我的眼前当时只有终点线，于是顾不上穿鞋，光着脚跑完了全程。正是这一个举动，打动了我的启蒙教练，让他下定决心要好好培养我。”郑爱民老师经验丰富、教学水平精湛，在他的严格要求和以身示范下，郭玉峰最终克服了身体柔韧性的难题，在两年后参加了河南省武术套路锦标赛暨苗子选拔赛，并取得了优异的成绩，从一众一起训练的小伙伴中脱颖而出。

郭玉峰每每回想少年时代的那一段经历，总会觉得自己性格中一个很重要的特点帮助了他，就是一旦开始做一件事情，就冲着目标心无旁骛地全情投入，就像那天跑圈冲刺时他的眼前只有终点线那样。这份执拗和执着，源自内心对胜利的激情与渴望，他想，这对于任何运动员来说，都是最宝贵的精神品质。

一本寒假作业改变了人生

1998年，郭玉峰11岁，他迎来了人生当中的一个重要转折点——进入河南省体育工作大队武术队，成为一名专业运动员。

郭玉峰回忆说，那是寒假即将结束的一天，妈妈接到郑爱民教练的电话，问他是否愿意进入河南省武术队从事专业的武术训练。郭玉峰当时因为寒假作业没有写完，担心开学挨老师批，所以在妈妈征询他的意见的时候一口咬定选择要去专业队。后来家人经常用这件事和他开玩笑，“一本寒假作业改变了人生”。

郭玉峰在河南武术队待了8年。8年里河南省武术队的队训“认真、刻苦、自觉”6个字伴随和融入了他整个专业队的训练生涯，不仅提高了他的专业水平，更锤炼了他坚强的意志品质。

认真意味着对于每一个训练任务都持有高度专注和投入的态度。通过认真训练，能够更好地掌握技能和专业知识；刻苦意味着在训练工作中要付出大量的时间和精力，不断追求进步和突破自我；自觉还意味着在训练过程中能够主动，有意识地参与和管理训练，不断提高训练质量。正是坚持和秉承着这样的队训，加之国家级教练李德成老师的悉心指导，使郭玉峰能在同年龄段运动员中具备一定的竞争力。郭玉峰在河南省队时的恩师李德成老师，时任河南省武术队主教练，中国武术九段，曾获得过国家体育总局体育工作贡献章等殊荣，8次获得国家体委颁发的体育奖章及荣誉奖章。“李老师为人仁爱，文化底蕴深厚，在学生后辈身上下真功夫、舍得投入。他还善于因材施教，在我成长道路上曾给予我诸多提携，对于他我一直深怀感激。”郭玉峰如是说。

2001年，武术项目青少年组的洲际赛事首次拉开帷幕，第一届亚洲青少年武术锦标赛在越南河内举行。赛前，全国征调了30多名运动员齐聚北京，展开了为期一个月的集训和选拔工作。由于在队里养成的良好习惯和打下的扎实基础，在这一个月的集训中郭玉峰表现出了良好的竞技状态，技术水平得到了显著提高。所以，尽管当时竞争十分激烈，但郭玉峰终于还是脱颖而出，成为首位被确定代表国家参加青少年武术洲际大赛的运动员。在他14岁那年，获得了洲际大赛的冠军，成功地让五星红旗升起在越南河内的运动场上，“当国歌奏响的那一刻，我感到无比的骄傲和自豪。”

由于这次取得的成绩，郭玉峰有幸参加了2002年釜山亚运会的全国集训和选拔工作。本次集训和选拔在长拳、南拳、太极拳的三个组别中分别征调三名运动员，郭玉峰被选在南拳组。组里的另外两名运动员年龄都比他大很多，他们已经分别取得过全运会冠军、世锦赛冠军和全国锦标赛冠军的成绩，属于国内当时顶级水平的运动员，“15岁的我能够有机会和他们一起被国家队征调来训练，本身就是一种肯定，更是自己学习提升的好机会。所以当时我尽管年龄还小，但还是懂得珍惜机会，在集训中不敢有一丝怠慢，积极向他们学习，及时总结训练中的要点，每天训练结束后自己还会单独去加练。”这一段经历使他的技术水平有了显著的提高，并且在亚运会的规定套路方面，也具备了一定的竞争力。虽然由于多方面的原因，他最后未能代表国家参加亚运会，但这次的经历使他快速成长，也是在这个时期领导安排他录制了南拳规定套路的教学视频，这个视频影响很大，后来被很多南拳习练者学习和参考。也正是在这一年，15 岁的他第一次参加了成年组的全国武术套路锦标赛。2003 年，郭玉峰有幸代表河南郑州参加了第五届城市运动会，并获得了南拳铜牌。

从跌入低谷到绝地反击

从 11 岁到 15 岁，郭玉峰的运动员生涯可谓一路凯歌。正在他踌躇满志、满怀自信向自己的冠军梦高歌猛进的时候，意外发生了：他受伤了，髌骨严重骨折。

他的人生瞬间从顺利和辉煌跌入了失意和低谷。

2003 年，武术规则迎来了一次重大改革，动作难度大幅提高，改变了武术运动训练的内容和方式。在探索训练中，一次训练的大意，导致郭玉峰髌骨严重骨折。这次意外带给他的不仅有疼痛，还有之后的肌肉萎缩、关节僵硬、身体功能障碍、机能严重下降等一系列问题，最重要的是精神和心理的挫败感都严重影响着郭玉峰。康复过程是漫长的，持续了一年之久，让 15 岁的他陷入了长久的悲观和黯淡，那是他经历的人生最艰难的一段时期。就在郭玉峰心灰意冷的时候，教练来找他谈心，“告诉我去大学读书会是更好的选择，这让我重新看到了希望”。

要想去大学读书，运动等级需要达到国家级运动健将才可以有免试的机会，所以在经历一年艰难的康复训练后，他强忍病痛，打着封闭针，参加了 2004 年全国武术套路冠军赛（传统项目赛区），并取得了传统南拳第二名的好成绩，顺利升级运动健将。尽管心怀不甘，在武术赛场怀有梦想，但经历了许多纠结、彷徨和坚持后，由于伤病和考虑到未来的发展，2006 年郭玉峰选择去北京体育大学武术学院读书深造。

进入北京体育大学后，郭玉峰有幸遇到何瑞虹教授和李巧玲教授，何瑞虹教授是中国武术九段、中国武术协会理事，多次获得国家体育运动委员会和国家体育总局颁发的“国家体育运动荣誉奖章”，多次获得优秀教师、优秀教练员、杰出教练员、精英教练员、功勋教练员等称号，在中国竞技武术领域是首屈一指的专家。郭玉峰很荣幸被何瑞虹教授选入北京体育大学武术套路代表队，继续坚持和实现自己的冠军梦想。大学生活和专业队的生活很不一样，从训练时间、训练保障到伙食条件等，各个方面条件是无法和专业队相比的。“尽管如此，我还是意识到了上大学的意义，因为在大学里我的专业理论知识得到了充实。在专业队训练时我只是知道练什么、怎么练，但是并不理解为什么要这样练，‘知其然，而不知其所以然’。”在大学代表队训练期间，何瑞虹教授专业的理论知识，丰富的训练经验加上专业课的学习，让郭玉峰对武术运动有了更加深刻的理解和认识，帮助他在有限的时间内科学地安排训练内容，技术水平较以往得到进一步提升。

当年郭玉峰离开专业队的时候万般难过和不舍，以为自己从此泪别赛场，再没有机会延续他的冠军梦。但在大学期间，除了发展自身主项南拳类项目，郭玉峰同时还把曾经练习的项目重新捡了起来，在整个大学期间获得了比较优异的比赛成绩，实现了全国冠军的梦想：大学本科期间荣获 2007 年第六届全国体院对抗赛刀术冠军；2007 年全国武术套路冠军赛（传统项目赛区）翻子拳第二名、南刀第四名；2008 年全国大学生武术锦标赛团体冠军、翻子拳冠军、南拳第三名；2008 年和 2009 年参加全国武术套路冠军赛（传统项目赛区）均荣获翻子拳冠军。这些运动成绩，也让他顺利地以第一名的成绩保送至北京体育大学研究生院进一步深造学习。

让梦想接力

“我自己的冠军梦在延续的同时，还奇迹般地结出了一个并蒂果：我很擅长培养冠军。”

8 年的专业队生涯，7 年的学习生涯，除了让郭玉峰掌握运动技能，获得优异的运动成绩外，更为重要的是让他掌握了功法、套路的训练体系和理论，为他的执教经历奠定了扎实基础。

郭玉峰的武术教练生涯始于大学时代。2009 年，作为北京体育大学 2006 级唯一的一名出国实习本科生，他被指派到印度尼西亚武术学院实习，成为印度尼西亚武术学院武术队的主教练。“为期半年的实习经历，以我的学生的优异战绩完美收官：印度尼西亚武术学院武术队在往届全国青少年武术锦标赛中只获得 3 枚金牌，在我主教下创造了 4 名学生获得 9 枚金牌的辉煌战绩。”在 2009 年印度尼西亚全国青少年武术锦标赛中，郭玉峰的学生获得南拳、南刀、南棍第一名，刀术、棍术第一名，男子和女子太极拳和太极剑第一名。

2016 年，受国际武联委派，郭玉峰代表首都体育学院赴斯里兰卡担任斯里兰卡国家武术队主教练，带领学生参加第十二届南亚运动会，创造了斯里兰卡国家武术队金牌从零到有的历史性突破，获得男子长拳冠军，男子南拳、南刀、南棍全能第三名。

2013 年，步入工作岗位后，郭玉峰开始担任首都体育学院武术套路代表队教练，带领学生频频夺冠、获奖。

发现自己在培养运动员方面的特长后，郭玉峰对这个问题也反复思考，后来想明白了：“这首先是因为我在河南省武术队的经历。河南省武术队的长项是‘刀枪剑棍’和太极拳，我练的南拳、南刀等属于省队的‘偏门’，但是因为我去国家队集训过，受过这方面专业教练的指导，这既让我掌握了河南省武术队的训练体系，也弥补了河南省队带给我的不足。所以我对武术套路训练的专业知识体系掌握得相对比较系统而且完整。其二是得益于自己受伤的经历。因为受伤，我曾经长时间坐在训练场

古尔尼亚基金会五间初 / 高中新生入学适应期

在郑和清真寺渡过愉快的一天

略谈印尼武术

千岛日报

马吉朗培德三语国民学校举行开学典礼

略谈印尼武术及导引养生法

本会辅导委员黎植三校友 荣任

东爪哇前任扶轮社社长辅导与研习会首届会长

德高望重

泗水侨众校友互助基金会

左上：2009 年郭玉峰带队参加印度尼西亚全国青少年武术锦标赛

左下：2009 年郭玉峰发表在印度尼西亚《泗水晨报》上的《略谈印尼武术》

右图：2009 年郭玉峰发表在印度尼西亚《千岛日报》上的《略谈印尼武术及导引养生法》

左图：2016 年郭玉峰培养的学生获得第十二届南亚运动会男子长拳冠军

右图：2016 年斯里兰卡体育部部长会见郭玉峰

边观摩教练带队友们训练，因为不能亲自下场参与，我必须牢牢记住教练叮嘱的要点，琢磨训练的原理。加之大学期间系统的学习使我的理论储备和技巧训练知识更加系统化”。明白了这一点后，郭玉峰更加深刻地认识到：追逐人生的梦想，必须要有“咬定青山不放松”的韧劲和坚持；只要不放弃人生的目标，所有的挫折和磨难都可以成为成长的助力和人生的财富。

乾坤未定，你我皆是黑马。驰而不息，一起追逐梦想。

（本文由学生记者李彤采写整理）

马翔 / 我的成就来自坚持

马翔在2012年奥地利健美操世界杯总决赛现场

只有坚持下去，才能体现自我价值！

——马翔

马翔，1989年2月出生于山东省淄博市，中国竞技健美操运动员。

首都体育学院健美操专项教师，健美操世界冠军，健美操国际健将运动员，健美操国家级裁判。指导学生多次获得全国冠军，有17名同学获得“国家级运动健将”称号。多次受邀参加省市级比赛和全国比赛的裁判工作，被评为优秀裁判员和优秀教练员。2019年参与70周年国庆在天安门前群众联欢环节表演。2022年冬奥会期间借调开闭幕式工作部，获得市级“先进个人”称号。曾指导学生参加全国大学生体育艺术节比赛，所创编红色主题节目《守护》和《长津湖》均获金奖。

坚持中的进步

1989年2月，马翔出生于山东省淄博市，小学的时候因为怕身材瘦小，在父母鼓励下开始接触体育，曾经练过跑步、跳远和跳高等。等到他读中学时，正好是竞技健美操项目在国内迅速普及的阶段，对于这项运动的未来发展情况，所有人都不确定，不知道学了这个项目会怎么样，会不会有好的前途。而他自己也直言当时学竞技健美操属于被老师“忽悠”的，但正是在这种“忽悠”下，马翔通过此项目顺利考上了高中，并在高中阶段取得了全国比赛第二名，获得“一级运动员”称号。后来通过教练推荐，他被保送到了北京化工大学，并且在大学期间仅参加国内各类比赛，就取得了36个全国冠军。

马翔高中时期所读的淄博十一中，是一所体育特色学校，身边很多同学都在练体育。当时竞技健美操教练在挑选学生的时候，马翔自己并不认为是学竞技健美操的“最佳人选”，他说：“当时挑学生的时候，其实我感觉并不是条件最好的，还有比我条件好得多的，但是很多人可能已经选择了其他项目来作为自己考大学的加分项，还有的人觉得学竞技健美操的升学路径不太确定，不想冒险”。正式决定学竞技健美操后，马翔在学校老师推荐下去了一个专业的训练机构。谈到那时的训练生活，他感到教练的要求很高，管理也比较严格，没

2010年马翔（左一）参加美国拉斯维加斯举办的健美操世界比赛

有当时的辛苦付出，也就不会有后来的优异成绩。

但是他真的没想到，学习竞技健美操有这么累，突击训练的时候，从早上 9 点到晚上 8 点，一天要练近 10 个小时。自从开始参加比赛后，有时为了让裁判少减一点分，硬是一天只练一个动作，争取将这个动作练到满分水平。训练的过程是痛苦的，无论是训练的强度还是训练本身的无聊感和枯燥感都反复折磨着他，已经数不清有多少次，马翔决定不练了，要回家，但是每次都被他母亲"抓回来"，给教练赔礼道歉后继续训练。马翔说，"其实我妈也没有想着非让我拿到多好的名次之类的，只是因为她觉得我应该坚持下去"，母亲这种潜移默化的对"坚持"意识的灌输，也让"坚持"二字深深烙印在了马翔的心中，在之后的训练和比赛中，无论遇到什么困难，他总是能咬牙坚持下去，似乎坚持已经成为了他的一种生活习惯。

由于最初开始训练时极其投入且认真，在不知不觉中他们的竞技健美操水平已经到了全国第一梯队，逐渐发现自己只要去参加比赛就能拿到冠军，心态也愈发平和。但是在大学教练的严厉要求下，依然始终如初地刻苦训练，不断精益求精。

成为当地"明星"

2006 年马翔第一次参加了全国竞技健美操比赛，此时他还处于高中阶段，虽然第一次成绩不是很理想，但也认识到了自己的不足。比赛结束后他和小伙伴总结问题，针对性地提升自身能力，随后到同年第二次参加全国健美操比赛时，就获得第二名的好成绩，由于有了这个名次，他也对考上大学有了更多的信心。当年和他们一起练竞技健美操的同学们都上了理想大学，而他自己是教学班里唯一一个进入重点大学的人。正因为这件事，马翔还在当地"火了"一把。等他毕业后，经过学校的宣传，竞技健美操这个项目在他们学校非常火爆，有很多家长闻讯而来，都想让自己的孩子也学这个项目，考上理想的大学。在高中毕业前他代表淄博市参加了山东省运动会健美操比赛，并且他们将所有的冠军包揽了，当地的报纸也报道了他们的事迹，马翔说："那张报纸我妈现在还保存着呢，

马翔 2011 年在青岛参加全国健美操比赛

因为我们当时成绩确实非常好，不仅是我们学校，也是淄博市健美操项目历史成绩最好的一次”。

报考大学的时候，马翔并不知道全国有什么学校是他可以选择的，也不知道有什么专业是他感兴趣的，马翔说：“我们当时就是啥也不知道，选学校都是在班主任那里选，因为只有他那里有电脑”。在高中教练的指导下，他报考并成功被录取到了北京化工大学。虽然选择了非体育专业，但马翔很快就找到了学业和训练之间的平衡，大学期间在大学教练的指导下继续参加全国和北京市比赛，仅国内冠军就拿了 36 个，另外还有各种亚军和世界比赛的冠亚军。

他把读大学时候的竞技健美操发展，称作“风光二十年”，那时候全国竞技健美操比赛并不是很多，每年两场联赛，一场总决赛，每场的参与人数都超过 800 人，除此之外还有很多市级比赛和其他比赛，“我觉得那会儿是赶上好时候了，健美操的发展可以说是如火如荼。”马翔说道。但比赛多了，也就意味着更加辛苦了，为了多得一点分，他不断突破自己，比赛中这 0.1 分的区别和作用非常大，不仅代表着“越级”式的动作难度，而且冠军和亚军之间的差距往往也就在这 0.1 分之间。最夸张的时候，马翔所参加的项目每年都会有新的难度系数提升。

但说到人生最大的遗憾，马翔说：“那可能就是没有参加世锦赛，同年的竞争对手强大，都是老牌的国家队队员，自身也知道有所差距，特别希望自己能有机会站在那个领奖台上。有时候自己也在反思，如果自己当时训练的时候能更刻苦一些，说不定是有机会的”。

数不胜数的伤病

对运动员来说，伤病是常有的，很多伤病甚至会伴随自己的一生。肩膀习惯性脱臼、腰椎错位、颈椎偏移等，马翔身上的伤也数不胜数。读研期间，他要参加一场重要的世界比赛，就在比赛开始前的 3 周左右，马翔在训练中肩膀脱臼了，但由于比赛时间在即，训练仍需继续。在最后的 3 周里，他只理疗了一周，就又回到训练馆，也正是由于这次受伤，给他留下了肩膀习惯性脱臼的问题，他说：“我现在胳膊抬起来以后，不能超过头部，否则就会脱臼”。由于当时受伤后，给他正骨的医生建议他可以在睡觉时把胳膊上举放到头上，这样有利于肩膀恢复，所以他慢慢地习惯了这个睡姿，直到今天仍然保持这个睡姿。

2019 年马翔有幸参与了国庆七十周年晚上的联欢活动，马翔既是联络员也是表演人员，给海淀区块分区导演建议了表演的节目。出于节目的精彩度等考虑，表演中有很多高难度动作，但这些动作对于当时的他来说还有很大的危险性，比如抛接、托举和技巧翻腾等。在一次排练中，有学生动作失误了，马翔下意识地上前保护，但因为动作幅度过大，导致他的肩膀再次脱臼。2019 年 10 月 1 日的那天晚上他顺利完成了表演任务，作为国庆活动的参与者，马翔感到非常光荣和自豪，他也比谁都希望自己能顺利完成表演，所以即使受伤再严重，也无法阻挡他对竞技健美操事业的热爱与坚持。

可能正是因为自己受过伤，知道伤病给运动员带来的影响，所以作为教师和教练员在日常训练中，他总是能第一时间发现潜在的安全问题，保护学生的安全。在一次表演活动的彩排中，部分学生需要搭成人墙，另外一部分学生则需要在上面跑步通过，而不巧的是，现场的灯光正在进行调试，突然熄灯了，全场笼罩在一片黑暗中。此时有学生未看到人墙而脚踩空，马翔瞬间反应过来，一个箭步上去，一把搂住学生的脖子，让她以一个前滚翻的动作结束了这场危机。提到这件事情，马翔至今仍心有余悸，“这姑娘太虎了，看不见了也不知道停下，还好我眼疾手快，没出什么大事。当时拉伤了腰，腰伤了是小事，休息休息就好了，但她要真摔下来，头先落地，那就事大了”。

最大的愿望是延续健美操的辉煌

因为马翔的母亲就是一名幼儿教师，所以他最初在考虑人生未来发展时，第一个排除掉的就是去当老师，觉得责任太重。但是经过这么多年的训练，竞技健美操早已成为他人生的一部分，只有继续从事竞技健美操事业，才能让他感到人生是充实且有意义的。自他来到首都体育学院任教以来，培养了17个健美操项目的国家级运动健将，这件事是他觉得非常自豪的。马翔说：“我觉得我也算是创造了历史吧，现在的校史馆，还陈列了第一次获奖的证书和奖牌”。

而提到自己的孩子时，马翔说虽然自己和爱人都是体育老师，但是自己的孩子却属于“先动嘴”的小孩，学校的老师也和自己说过，希望家长平时多带孩子运动。马翔坦言，并没有打算让孩子当运动员的计划，但还是希望他能学一下竞技健美操和其他运动项目，让他知道自己的父母在做什么事情。马翔属于“自由派”父母，即没有对孩子的人生发展直接进行主导，而是看他喜欢干什么，兴趣是最好的老师。

现在，除了日常的行政事务和教学事务外，马翔仍然在一线带校健美操队训练，他最大的愿望就是竞技健美操这项运动能再次回到那“光辉的二十年”，并且自己能作为见证者，将竞技健美操运动的辉煌延续下去。

（本文由学生记者纪超博采写整理）

赵明 / 在运动中展现力量与艺术之美

2016 年赵明在世界健美操冠军赛男子单人有氧舞蹈项目夺冠时刻

人生就像一场漫长的追梦之旅，每个人都有自己的追求和梦想。

——赵明

赵明，1993 年 7 月 10 日出生于辽宁省丹东市，首都体育学院体育教育训练学院体操教研室青年教师，北京体育大学硕士毕业，曾是中国健美操国家队队员、国家健将级运动员，被授予中华人民共和国体育荣誉奖章及一级奖章、被国际体操联合会授予国际体操联合会世界级体操运动员徽章。

2016 年，赵明获得第十四届世界健美操锦标赛团体冠军，这也是我国竞技健美操历史上的第一块团体冠军奖牌，并代表中国健美操队获得 2016 年世界健美操冠军赛男子单人有氧舞蹈冠军、集体有氧舞蹈冠军；2017 年获得第十届世界运动会有氧踏板项目亚军，2018 年获得第十五届世界健美操锦标赛有氧踏板、有氧舞蹈双项项目亚军。

从体育委员到健美操运动员

赵明自小就对体育运动产生了浓厚的兴趣。父亲经常带着他参与各种体育项目：篮球、武术和街舞……“但直到我遇到健美操，我才真正找到了与我心灵相通的运动。”赵明形容健美操对他的意义。

在初中时，作为班级体育委员的赵明由于协调性好，被老师选进了校代表队参加广播操比赛，广播操的阳光与活力一下子点燃了赵明对跳操运动的热爱。慢慢地，赵明带着这份热爱开始了他的竞技健美操的运动员之路。“当我第一次看到那些阳光活力、身姿健硕的运动员在台上活力四射时，我被深深吸引了，并想要成为其中的一员”。健美操在音乐的伴奏下，动作从容而协调，展现了力量和艺术的美感，让赵明感受到了一种前所未有的激动，于是开始了他的健美操之路。

赵明在运动员时期获得的部分奖章、奖牌

从体育委员到职业运动员，这段路并非走得如此顺利。最开始的时候，在国家队集训期间赵明严格要求自己，不断追求卓越。他每天在训练馆准时报到，努力练习力量动作。赵明和国家队其他队员们在大学期间的常态化训练是每天早上6点起床出早功，全天就已经达到了9个小时的高强度练习，临近比赛时还会在此基础上有所增加，高峰时可达到10余个小时。日复一日地雕琢，一个动作一个动作地调整，才会获得今天的成绩。“我知道，只有通过不断地努力和坚持，我才能够成为一名优秀的运动员。”赵明描述道。

从2007年接触健美操，赵明从初中校队、高中校队，到大学校队，经过全国层层选拔被选入中国健美操集训队，直到成为一名职业运动员。6年的时间里，赵明在这条通往职业运动员的道路上参加过大大小小的比赛，市级比赛、省级比赛……一路闯关来到国家级赛事，最终冲出国门、冲向世界。

跨过伤病，成就最好的自己

对于健美操运动员而言，脚踝伤、手腕伤就如同职业病一般。在运动中做跳跃、俯卧撑等动作时需要手腕作支撑，落地的时候没站稳崴脚，就会造成或大或小的损伤。所谓台上一分钟，台下十年功。竞技体育是残酷的，受伤是不可避免的。受伤之后的身体机能会影响运动员正常前进的训练水平，需要花费一定时间去休养、康复，所以对于所有运动员来说，如何在受伤期间保持良好的心态是必须学会的一门课程。

让赵明印象最深的一次受伤是手指在训练中发生了错位，据他描述，在练习技巧翻腾时，落地没落稳，右手的小拇指直接砸到了板子上，手指从第二指关节处斜45度有明显的错位。视觉上就能给人带来强烈的不适感，但赵明经过医疗处理后，迅速回归到训练状态中。他说，“手坏了可以练腿，腿坏了可以练上肢，总有一个身体部位是好的”。

赵明的教练常说的“拳不离手、曲不离口”这句话一直激励着他，即使在训练过程中经历挫折，也不能懈怠，更重要的是有勇气、沉着冷静地面对受伤时的自己。值得庆幸的是，在赵明经历的大大小小伤病中，他保持了良好的稳定情绪，依然坚持训练，这就在一定基础上超过了其他对手。跨过伤病，就成为了最好的自己。

希望每一次站在国际赛场上都能升国旗奏国歌

和每一名运动员一样，赵明的梦想也是希望能每一次站在国际赛场上升国旗奏国歌。从2007年接触健美操，经过8年多的坚持和努力，终于，赵明通过全国层层选拔进入中国健美操集训队，并且最终代表中国队参加世界健美操锦标赛。2016年，赵明和队友在韩国仁川参加了第十四届世界健美操锦标赛，摘得了团体冠军。对于赵明而言，这虽不是他第一次参加国际级赛事，但这次比赛却是他人生中最高光的一刻。

2016年韩国仁川第十四届世界健美操锦标赛，赵明所在的中国代表队获团体冠军并赛后合影

2014年，赵明第一次出国参加国际级比赛——第25届世界健美操冠军赛，在比赛中获得了季军。赵明并不满意这次的成绩，但“失败并不代表终结”。回国后，教练及队友们完整复盘赛事中的表现，与队友重新组队、编排动作，在科学的训练中逐步摸索自己的极限，刻苦训练，提升完成度、整齐度、难度，争取做到

2016 年，赵明在第十四届世界健美操锦标赛
获得团体冠军

最好。努力的时光给了赵明最好的答案，也造就了今天最好的他。经历了两年的高强度集中训练，2016 年，赵明和队友在韩国仁川参加第十四届世界健美操锦标赛摘得了团体冠军。

中国竞技健美操没有团体冠军的先例，正在以一种令人印象深刻的方式被改写。在比赛时，赵明在团队中全力以赴，展现自己的实力和技术。当梦想变成现实，五星红旗在世界的赛场上升起，奏唱国歌的那一刻，赵明泪流满面，因为，他的梦想成真了，中国代表队享受着来自场内四面八方的欢呼。

作为世界最高水平的竞技健美操赛事，团体冠军的称号不仅是对赵明而言，更是对中国健美操项目的发展，都有着极大的促进和激励作用。

颜值与能力齐飞："90 后"老师遇上"00 后"学生

从北京体育大学硕士毕业后，到 2019 年成为首都体育学院的一名教师，赵明顺利完成了从学生到大学教师的蜕变，每一个角色，他都力求做到极致。

作为一位"90 后"的青年教师，赵明的教学时间虽然不算特别长，但对课堂并不陌生。自从到了首都体育学院担任教师以来，他就开始参与本科生体操课程的教学工作。一开始就承担了大量的教学任务，对于刚入职的他来说绝非易事。然而，正是通过这样的经历，他逐渐锤炼了自己的教学技巧，提升了教学素养，增添了自信。

赵明坚信作为大学教师，教书育人是自己的首要任务，而且也是一段宝贵的经历。他认为学生可以在教学互动中给予他许多有启发性的反馈，这样的教学过程也是年轻教师自己发展的方式。在教学中，赵明追求"清晰"，他的目的就是将科学的、系统的训练方法和此前职业运动员生涯中的训练手段传承给自己的学生。他在课堂上力求营造轻松愉快的氛围，寓教于乐，避免"填鸭式"教学所带来的思维惰性。他注重启发学生思考和反复练习、不断复盘等元素的融入，使教学更加清晰而轻松。

赵明的学生大多为"00 后"，和他的年龄差距并不大。对于这种"新"的师生关系，他总结为既有传统师徒的情谊，又有打破代沟的理解与共情。"我自己是'90 后'，所以明白现

授课中的赵明

在的学生更有自己独立的想法和判断，但课堂上我也会严格要求他们，原则性很强。”赵明深刻了解年轻人成长的环境和学习心态，不论是作为专业课老师还是课下朋友的身份，不论是指导教学工作还是未来发展或就业指导，他都与学生保持着沟通，并以“知心人”和“热心人”的身份尽心尽力地帮助他们。“与他们共同成长，让我的学生在课堂上真正燃起对体操这项运动的热情，对我来说是一种莫大的幸福。”赵明表示。

从学生到职业运动员，再到青年教师，赵明凭着过硬的实力，从容切换着社会身份，但不变的是赤忱的体育精神，冠军生涯尚未结束，只是换个赛场继续“发光”。

（本文由学生记者褚晓蒙采写整理）

施萌雨 / 绿茵场上盛开的铿锵玫瑰

施萌雨在比赛结束后和队友合影

自信不是别人给予几句安慰，期待他人的怜悯，而是自立自强，找到自我价值的认同，得到肯定的是自己，无需他人太多外在奖励或干预。

——施萌雨

施萌雨，1982 年 12 月 1 日出生于北京市，首都体育学院体育教育训练学院足球教研室青年教师。国家女子足球队前队员、北京市女子足球队前队长、亚足联 / 中国足协职业级教练员、中国 C 级讲师、中国女足 U13 主教练、英格兰足球协会 L1 教练员、首都体育学院女子足球队主教练。

2006 年 8 月，代表国家队参加第八届亚洲杯荣获冠军；1996 年加入北京女足队，2002—2009 年担任北京女子足球队队长并代表北京队参加全国女子足球比赛，荣获冠军 10 余次；2001—2005 年，连续两次获得全国运动会女子足球亚军；2003 年，在全国女足锦标赛、全国联赛中成功拿下双冠；2000 年 3 月，荣获中国足球“龙之队”最佳前卫称号。

即使是离开，也是尽全力后的转身

在运动生涯中我获得过鲜花和掌声[①]，更是在几场关键性比赛中得到过冠军的荣誉。但对于我而言，最具有人生价值、最宝贵的财富反倒是在运动员时期最低迷时的那些经历。其中，有三段故事想与大家分享。

记得那时刚过17岁生日不久，我从北京女足二队进入一队。当时恰逢1999年女足世界杯结束，国家队中很多北京的大咖们归队了，刚进一队的我当时既兴奋又拘谨，有很多顾虑：想积极向前辈证明自己，但又怕能力不够，跟不上队伍的步伐，因此给了自己特别大的压力。

在年底超霸杯比赛中，虽然上场只有20分钟，但我还是受伤了——手部骨折，这对于职业运动员来讲，之后要进行对抗性极强的运动项目时，尤为考验心理承受能力。在伤病带来的压力下，我渐渐失去了被列入18人名单的机会，也就预示着随时可能被淘汰的残酷现实。

我从4岁开始接触足球，15年的时光里都有绿茵场和足球的陪伴。而现在，好不容易能与偶像们同场竞技，一路走来确实不易。过程中也有想过放弃，但总有一种声音告诉自己："就这么低迷下去，什么也不做坐等被淘汰吗？那些付出岂不是白费了？"我得再做点什么，即使是离开也是尽全力后再转身。

说着容易，实际做起来极其考验韧性。看着其他队友一次次的分组对抗练习、一场场的比赛，我开始分析自身的竞技状态，时刻提醒

足球场上的施萌雨

自己现阶段的位置，跟上队伍总体水平应具备的要求；再结合位置职责和自身特点，找到了一个更为有效的个人技战术运用方法。我不断暗示自己，"已经没有余地再往下了！所有的付出都会有收获，一切的努力都是进步的！"我从克服伤病困扰开始，减少关注自己的心理负担，增强钝感力，慢慢地，我找回了信心。

在一切向好的过程中，我发现，自信不是别人给予的三两句安慰，不是期待着他人的怜悯，而是自立自强，找到自我价值的认同，得到肯定的是自己，无需他人太多的外在奖励或干预。加强日常训练、教练的悉心指导、逐渐增加比赛的上场时间……时间长达近6个月，我重新回到了18人大名单中。

---

① 经采访者与被采访者确认后，本文以第一人称表述。

抓住机遇：从替补到首发球员

除了那些天赋异禀的超级新人之外，大部分球员都要从替补踢起。从刚刚入队的新人，到替补球员，再到首发球员，我经历了半年多的时间，这期间我参加了亚洲赛事及全运会、全国联赛、全国锦标赛等各等级赛事。

最开始，为了锻炼新人，只在一些大比分领先比赛时派我出场。即使上场几分钟，我都尤其珍惜，因为只有自己知道，这来之不易的几分钟，我付出了近半年的时间。渐渐地，我从几分钟的伤停补时阶段替补上场，到上场10分钟、20分钟再到最后下半场45分钟比赛的时长，但距离首发球员还有一定的距离。

在不断努力的同时，我在等一个机会，2000年女足超级联赛第6轮主场上半场的替补上场。我知道，机会来了。当时的我在场上只思考着如何帮助到队伍，抑制住对手的发挥。最终，在这场比赛中，我的努力与技术被看见，于是此后的比赛中我与国家队主力后腰一同首发，场场为北京女足队征战。

在大咖们面前，我深知，要学习和成长的还很多，依旧不断提醒自己，要成为更好的自己。就在这按部就班的自我要求中，信心越来越强，竞技水平越来越精湛。

同一年，记得在北京先农坛主场对阵山东女足的比赛，上半场我作为中场组织者先进两球，为队伍赢得比赛优势；在下半场时距离球门40米开外一脚吊射，直接打入球门，迎来职业生涯第一次帽子戏法。也正是这次比赛的表现，让时任国家队主教练、带领球队在1999年美国女足世界杯获得亚军的马元安教练看中了我，并立即纳入国家队选拔名单。

不敢相信，一年的时间里，我从要离开北京队的最低谷，到进入国家队集训大名单。欣喜背后，我自知付出了多少，在不断向前冲的过程中，我学会了很多，更收获了宝贵的“财富”。

可以战死，但不可以被吓死

在裁判最终吹响哨声前，什么事情都有可能发生，这就是足球。哪怕对手实力很强，但这更能激发出我们潜在的战斗力。我们会全力以赴，在赛场上顽强拼搏、众志成城，完全可以创造奇迹。

在2005年第十届全运会上，连续两次摘冠的上海队士气高涨，反观我所在的北京队赛前遇到了种种状态低迷：主力队员伤的伤、病的病……但该遇到的总会遇到，最终，不出所料，北京队在半决赛迎面挑战上海队。可以战死，但不可以被吓死！这场争夺决赛入场券的比赛，就是提前的决赛，也就是说，哪一家赢得了这场比赛，就是赢得了冠军的头衔。

18 年后再次回想这场比赛，可谓一场生死存亡的硬仗。京沪两支队伍在过去的比赛中曾多次交锋，彼此之间非常熟悉，因此对于老对手的水平和状态知根知底。尽管队友们的状态不佳，但在这次关键性比赛中，感觉对手没有以往那般不可一世。心态上的积极变化带给我们更多信心和底气，虽然 0∶1 落后，但我们连追两球反超对手，结果超乎我们所有人的想象，被对手追平比分后进入加时赛。

全力拼搏 90 分钟后，再继续鏖战 30 分钟，极其考验球员们的意志品质。加时赛下半场时，身边的队友开始出现体力下降、陆续抽筋的现象，我们相互鼓励打气，虽然自己也很艰难，但相比能够帮助队友而言，这都不算什么。

比赛到最后，点球大战不仅仅考验在体能达到极限时的技术能力，更是对心理承受能力极限的挑战。我是第三个出场的队员，在从中圈走到点球点的短短 40 米里，我紧张得听不见任何声音，根本不记得是怎么走过去的。前面的队友一一将球打进，给了我坚定的信心，我迅速调整思绪，坚定信念。瞄准，射门，球进了！最终，我们在点球大战中战胜了十分强大的上海队，赢得了第十届全运会女子足球比赛的冠军，为北京队再添一枚金牌。

施萌雨参加北京体育广播 FM102.5“体坛夜语”

“她静立在绿茵场上，在南粤煦暖的阳光下，如古井中平静的清水，从容而安宁。忽如悠悠海风拂过，平静的水面掀起波澜，那是施萌雨胸中的万千波澜”。这是2001年第九届全运会时媒体对我的描述，今天的我依然从容坦然。在10多年以来漫长的职业生涯中，我始终为北京女足、中国女足效力，淬炼了我如老兵一般的钢铁意志。我可能不是绿茵场上那个最耀眼的明星，但十几年如一日的坚守，我用行动证明了我的足球人生——那是因为我热爱，我坚持，我勤勉，我不服输、不退缩；我相信，终究有一天，我会突破自己，抵达成功的彼岸。

教学中的施萌雨

曾经，我是北京女足的绝对主力，带领球队获得全国冠军。如今，我是首都体育学院足球教研室的一名教师，卸下国家队战袍，相继攻读本科、研究生学位后，我完成了从职业选手到高校教师的转身。如果用一句话总结我和足球的不解之缘，那便是——当年我潇洒从容地驰骋在球场，但今天我依然如玫瑰般盛开。

（本文由学生记者褚晓蒙采写整理）

张薇薇 / 站在奥运赛场上

里约奥运会水球比赛结束后
全员赛场合照

我并不是很想回首自己的运动生涯，因为这一路有着太多太多的艰辛和不易，是一个“没有坚强意志走不来的一生”。

——张薇薇

张薇薇，1990 年 10 月生，中国女子水球队前队员。
2003 年全国女子水球比赛冠军。
2003 年亚洲分龄游泳锦标赛冠军。
2009 年第十一届全运会女子水球比赛第四名。
2010 年第十六届广州亚运会冠军。
2013 年欧洲女子水球锦标赛第三名。
2015 年亚洲水球锦标赛暨里约奥运会资格赛冠军。
2015 年第十六届世界游泳锦标赛女子水球比赛第五名。
2016 年国际泳联世界女子水球联赛第三名。
2016 年里约奥运会女子水球比赛第七名。
2016 年 SAT 国际水球锦标赛冠军。
2018 年全国大学生水球锦标赛第二名。

快乐水球：鱼与熊掌不可兼得

张薇薇并没有出生在一个体育世家，她父母的工作与体育毫无关系，也并不了解体育。而张薇薇与体育有关的人生故事，则要从2001年的夏天开始讲起。

那一年张薇薇11岁，为了纳凉和玩耍，无意间接触到了游泳。这个年纪对于游泳训练来说已经太晚了，张薇薇的父母并没有对女儿能正式成为一名运动员抱有期望。但随着她身高和训练成绩不断增长，张薇薇展现出了强大的运动细胞，教练开始对张薇薇有了期望。随着日子一天天过去，张薇薇与她的同龄人一样，即将面临小学毕业。一般在这个时间节点，俱乐部的很多家长会停止或减少孩子的训练，专心投入初中紧张的学习中去，但张薇薇的教练希望她继续参加训练，并不断地做着她父母的工作。就这样，张薇薇在教练的“忽悠”下，加入了北京水球队。

13岁的张薇薇开启了水球的运动生涯，这个快乐中掺杂着痛苦的时期，也为她一步步走向奥运赛场奠定了基础。

张薇薇的初高中在北京钢铁学院附属中学就读（现改名为“北京科技大学附属中学”）。在练水球之初，张薇薇饱受睡眠不足所带来的痛苦折磨，13岁的她为了训练必须在早上5点半起床出发，从宿舍走到场馆大约需要15分钟，她总是感觉自己像闭着眼睛飘过去的，但下水的一瞬间，她又会被冰冷的池水迅速唤醒。7点下训后，又要火速赶回宿舍吃早餐上学。此时除了住校、训练，其他均要像正常学生一样，在学校完成一天的学习，该读的书一门也不能落下。下午放学后吃饭写作业，从晚上7点到9点继续训练，结束后作业没写完的需要继续完成作业，写完的就可以享受属于小朋友短暂的娱乐时光，直到10点熄灯睡觉，充实的一天就此结束。

在这个时期，张薇薇在上课时会经常性地打瞌睡，学习成绩自然也不断地下滑。为了能在上课时认真听讲，张薇薇尝试过各种手段：想睡的时候拍拍脸，掐自己的大腿根，或者站在后面听讲，这些方法并没有想象中的管用，瞌睡并没有因此而停止。

张薇薇所在的北京水球队有着非常严苛的管理制度，像考试不及格不许吃零食、上课不许睡觉等。生活老师总是透过教室后门的小窗检查他们是否在认真听讲，如果没有，晚上回去会遭到老师严厉的批评。如此日复一日，初中三年与高中不到两年的时间转瞬即逝，这段早起永远不够睡的训练时光，也成为

14岁张薇薇参加全国比赛

了张薇薇水球生涯中为数不多的快乐日子。这段时光的她，不曾对奥运会抱有任何憧憬，亦不曾对练水球有任何目标，只是感觉认识了一群志同道合的好朋友。这群志同道合的孩子天天生活、训练在一起，如今张薇薇回想那段岁月，虽然仍会感叹训练之艰苦，但想到朝夕相处、情同手足的队友们，依旧感到无比快乐。

确立目标：不会被轻易打败的女孩

高二这一年，张薇薇开始感受到学习的压力，她的学习成绩并没有差到让老师想放弃她，她的班主任曾对张薇薇说，希望她能放弃水球训练，她愿意无偿帮她补习功课。但张薇薇谢绝了，因为她已经开始对水球有了憧憬和向往，她想有朝一日站在奥运赛场上，身披国旗为国出战。

在张薇薇高二这一年，她所在的队伍进行了改革，离开了校园，变成了上午上课下午训练的模式，生活变得更加封闭，接触外界的人也变得更少。张薇薇开始投入了更多的时间在训练上，也开始感受到了训练之辛苦。一次陆上力量的训练课，95 公斤的负重全蹲，10 次一组，张薇薇当时体重不过 60 公斤左右，这个重量已远远超过了她的体重，于是她每一组都完成得很艰辛，每一组完成时，她都走到外面借助着放松的间隙用哭泣的方式发泄，然后迅速地擦干眼泪投入下一组的练习中。张薇薇回想起那个时候的自己，说："我有着'如我母亲般的坚强意志力'，是一个不会被轻易打败的女孩。"

2008 年奥运会后国家队开始纳新，同年底张薇薇来到了国家集训队，全国各地前前后后有将近 40 名运动员进入集训队。随着训练量逐渐加大，每隔一段时间就会淘汰掉一些跟不上或者吃不了苦想退出的人，张薇薇一步步坚持到了最后，但却在坚持到伦敦奥运会大门口时被踢出了局。在国家队的这 4 年是张薇薇水球生涯中最苦、最不快乐、也最不想回忆的 4 年。身心饱受着极大的压力，强势的教练组、庞大的训练量、严苛的纪律与优秀的队友，无一不让张薇薇感到窒息。那时她初出茅庐、青涩稚嫩，但敢打敢拼、敢于吃苦，如果教练要求做十个，她可以做十三四个。张薇薇十分清楚自己来到这里是为了什么，想要什么。她心中的目标无比明确，不敢让自己生病，但在偶尔思想松懈的时候却又盼着自己生病；训练期间，即使在生理期也只能休息一天，肚子疼也必须坚持着下水；教练觉得张薇薇瘦，她就使劲地吃饭，喝蛋白粉，在那个时候，连增几斤体重对张薇薇来说都是一件很困难的事情；她在晚上做梦时，会梦到自己在场上打球，会梦到自己玩命地举着铁，会梦到自己拼命地游泳，却怎么也到不了岸；她在压力大的时候总是躲起来哭，打电话告诉妈妈自己坚持不住了，可发泄后，她仍会想起当初她想给自己水球生涯一个交代的初心，之后再次整理好心情继续前行。当时北京队里与张薇薇一同入选国家集训队的共有 3 人，她们一起并肩作战，相互鼓励。但坚持到最后的，只剩下孤身一人的张薇薇。她看着距伦敦奥运会开幕式的计时牌从 100 天、99 天、98 天……一天天地倒数、一天天地临近，心里也在暗暗地鼓舞着自己，马上就要迎来胜利的曙光。可当看到出征名单，自己的名字并没有在其中时，一种无法用言语形容的窒息感袭击了张薇薇。这 4 年的坚持，如雨般落下的汗水与深夜流下的泪水在那一瞬间仿佛全部失去了意义，张薇薇那颗坚不可摧的心脏似乎在瞬间就被击得粉碎。

中国女子水球队前西班牙籍主教练胡安

迷失过后：疗愈与重拾目标

回到北京队后张薇薇一直觉得自己是个失败者，她不知道前方的路如何行走，好像迷了路，找不到出口。此时周教练一直鼓励着她，他亦师亦友，张薇薇十分敬重他。随后张薇薇出国到了匈牙利——一个人人都知晓水球的国家，也是世界上唯一一支连续三届获得奥运会男子水球冠军的国家。张薇薇来到一所名为“UVSE”的水球俱乐部，它位于匈牙利首都布达佩斯，坐落在美丽的玛格丽特岛上，是匈牙利最大的水球俱乐部。这个俱乐部光是大大小小的游泳池就有 7 座，训练的对象也从儿童到成年人不计其数，同时每年俱乐部之间还举办不同等级的比赛供选手们参与。在此之前从来没有一位中国人，甚至是一位亚洲人来到他们的俱乐部，于是在此张薇薇需要度过一周的试训期才能正式加入其中。在一周后，张薇薇凭借过硬的素质顺利通过了考核期，参与到了女子成人队伍中。“UVSE”的一切都是陌生的，陌生的环境、陌生的面孔、陌生的语言，唯有水球将她与这陌生的环境紧紧相连。

张薇薇在这里过足了打比赛的瘾，她在打欧洲联赛时，每周至少一场，多的时候能达到每周三场。她穿梭在不同的城市，与不同的俱乐部打着比赛，感受着主客场球迷的狂热及当地人对这项运动的喜爱。休赛期时，队友们白天做着自己的事情，有的读书、有的工作。这时张薇薇的训练时间大多集中在清早、晚上及周末，张薇薇喜欢在白天无事

前北京主教练周浩与张薇薇（右）

张薇薇（左二）所在的 UVSE 俱乐部正在比赛

的时候坐着电车满城闲逛看风景，在空闲时间多的时候，她甚至会坐着火车到欧洲其他城市转悠。生活简单快乐，打球、蹭网、学匈牙利语、旅游……在这里生活训练的一年让张薇薇重拾了对水球的热爱，整理好心情后她选择了回国，此时张薇薇的学业还没有修完，同时，她心里依旧装着一些未了的"事"，依旧觉得还没有给自己一个交代。

再入国家队：伤痛与希望同行

回国后张薇薇原来所在的北京队已经解散，一部分队友选择退役，一部分队友选择加入其他省区市的队伍继续打球，张薇薇则选择加入了四川队。她想要在继续打球的同时尽可能保证学业，而这支球队满足了她的需求。张薇薇认为在经受多年训练后她唯一做对的、唯一清醒的事情就是始终没有放弃读书。

2014 年 8 月张薇薇加入四川队，在适应了国内的训练后，她于 2015 年再次回归到国家队。在此期间国家队换了一位美国的教练，相比之前西班牙的教练，这位教练十分和善，带着一份美国人的幽默，训练时那份令人窒息的压迫感减轻了许多，但这并不代表训练也变得轻松。游泳、力量、球技、战术等没有一项可以信手拈来。在练大课的时候，运动员可以从 7:45 一直练到 14:30，中间有 15 分钟补给时间，午餐要到下午 3 点多回到酒店再吃。晚上则有治疗、上课、看录像等不同的安排。有了上一届的失利，张薇薇更清楚她自己要的是什么。她努力增重，加强力量，尽可能地让自己强壮起来。数万次地挥臂射门，让她的球速排到了全队第二名。也正是因为高强度的训练，让张薇薇受到了严重的伤病困扰，她的肩峰、肱骨头、二头肌长头键、三角肌、冈上和冈下肌、盂唇等均有着不同程度的损伤，那个时候时常晚上疼得睡不着觉。张薇薇也考虑过手术，但医生也告知她不能保证还可以恢复到从前的竞技水平，于是她选择保守治疗，每天坚持做治疗，吃止痛药，打玻璃酸钠和封闭等，用这些来缓解疼痛，保持她的肩伤不继续恶化。

在国内的对抗比赛已经远远满足不了国家队的需求后，她们选择外训，到不同的国家与他们训练较量，每次在外都辗转漂泊许久，甚至春节都会在国外度过。张薇薇时常会想家，但心中的梦想也总会让她充满战斗力。

张薇薇（后一）参加里约奥运会

站在奥运赛场上

里约奥运会前国家队的成绩一直不错，在亚锦赛、世锦赛、世界联赛，以及各国的邀请交流赛中均取得相当可观的战绩，是一支让领导看到了诸多希望的队伍。同时在奥运会前，原本的20多位女运动员也逐渐淘汰到只剩下15名，这些女孩一起来到了巴西，但奥运村只允许参赛的13名运动员进入，这就意味着临门前还要再淘汰两名运动员。在这个时间节点让人离开，更是一种虐人的摧残。因为此时的她们不仅是竞争对手，更是曾经朝夕相处并肩作战的队友。当踩着她们肩膀向上走的时候，内心又多了一处脆弱的地方，仿佛“有些人光是站在奥运赛场上，好像就花光了所有的力气”。

里约奥运会的成绩并不理想，这是国家队所有人都始料未及的结果。在非常关键的四分之一比赛中，入场后会播放对战国家的国歌。当中华人民共和国国歌响起时，张薇薇虽然闭上了双眼，但那时她的眼前依旧呈现出的是一片中国红，伴随着音乐她能清晰地感受到自己的心跳以及像触了电的身体，在她后来每每听到国歌时，都会有相同的感觉回到她身上。里约奥运会中国队获得了第七名的成绩，张薇薇带着遗憾结束了她在国家队的生活。随后她用了很长时间才从奥运会的失利中走出来。张薇薇认为，人生总会伴随着些许不完美，正是这些不完美，才驱使着我们有更大的动力继续前行。

“设置目标，并不断地努力向它靠近。”这是她能走过坎坷、走向奥运舞台的原因。张薇薇11岁才接触游泳，13岁利用课后时间在俱乐部练习水球，16岁到半专业的队伍训练，一边读书一边打球，19岁进入到国家集训队，23岁到国外俱乐部当外援，26岁才参加了奥运

里约奥运会前夕与巴西队热身赛中国队合照

里约奥运会中国女子水球队全员合照

会。张薇薇始终坚信人的潜能是无限大的，只要你心怀梦想就会有源源不断的动力，不管当时的你几岁，处在怎样的环境中，只要你开始行动了，就请用力地向前奔跑。心中的梦想会指引你前进的方向，你的坚强让你不会轻易地被打败，勇敢地做那个让自己骄傲的英雄。劳累、走不动的时候就想想来时的路，是什么让你选择这条路，如果就此放弃，你是否会甘心呢？

（本文由学生记者朱邓梓佳采写整理）

王宏威 / 坚定的信念，无悔的选择

王宏威在第十四届全运会铁人三项比赛担任裁判

保持清醒的头脑，作出正确的选择。

——王宏威

王宏威，北京体育大学硕士，首都体育学院教师，国家级运动健将（游泳、现代五项）。

1998 年广东省运动会仰泳全能第一名。

2000 年世界杯游泳系列赛上海站 50 米仰泳第八名。

2005 年全国现代五项锦标赛团体第一名。

2005 年全国现代五项冠军赛冠军。

2005 年第十届全运会现代五项接力赛第六名。

选择铺就未来的路

王宏威从4岁就开始接触游泳，一开始只是因为幼时王宏威身体素质较差，生病频繁。他的父母于是寄希望于培养一份运动爱好能够强身健体，让孩子能够健康成长。随着训练的持续，王宏威的游泳天赋开始逐渐显现，教练看中了他的运动潜力，开始频繁劝说他加入专业游泳队，希望不再把游泳当作爱好，而是成为一位真正的游泳运动员。

当时王宏威的家庭必须作出一个重要的选择，在那个年代，学校体育体系发展并不完善，一个孩子一旦决定走职业体育的道路，就意味着他要将大部分精力投入游泳队的训练当中，学业必然会荒废，退役后甚至会面对没有学历的状况。而无论在什么年代，学历是一个关系到个人未来发展的重要因素，如果走体育职业化道路，最后又没有拿到优秀的成绩，很有可能会耽误到个人前途发展。王宏威的父母认为无论孩子作什么选择，都是他自己未来的路，于是他们最终将选择权交到了王宏威自己手上。年轻的王宏威在思考之后，作出了一个改变自己整个人生的决定——加入训练队，成为一名游泳职业运动员。

拼搏的职业生涯

加入职业游泳队进行训练之初，王宏威就感受到了极大的痛苦。职业训练队的训练强度与原来以健身为目的的训练强度之间相隔天堑。每天都需要分3个时间段进行身体素质训练、力量训练与游泳技术训练。突然增加的训练量让人每天只是单纯地保持清醒都已经筋疲力尽，但年轻的王宏威咬着牙度过了这段难熬的岁月。随着时间一天天流逝，王宏威逐渐适应了高强度的训练，他的游泳技术水平逐渐提高，每天的游泳训练对他来说就逐渐成为一种可以完全自动化进行的行动。为了度过漫长又枯燥的训练，他会在训练时在心里唱起喜欢的歌，或任由想象驰骋，在头脑中编写起一段段生动有趣的故事。而他纯熟的技术和长期训练养成的肌肉记忆，能支撑他头脑的所思所想和身体动作完全分离，每一个变动姿势、划水与转身都无需思考，即使在无意识的情况下依旧能够使每个技术动作都做到位。

1996年，王宏威到了能够进入各省区市训练队、成为代表各省区市参与比赛的运动员的年纪。他在北京市游泳队运动员选拔中获得了第二名的好成绩，又在机缘巧合下受到深圳队的招揽，跨越大半个中国，正式成为了深圳游泳队的一员。随后在1998年，王宏威又顺利地进入了广东省省队，并于同年在广东省运动会上获得仰泳全能第一的成绩，而后在2000年的世界杯游泳系列赛上海站50米仰泳比赛获得第八名的成绩。多年的游泳训练带给王宏威的不只有优秀的成绩，还有肉眼不可见的“内伤”。与常识相符合的是，游泳运动并不容易使人的关节、肌肉受伤，但长期浸泡在水里，加上为保持游泳池卫生而长期输入的氯气的侵染，王宏威的耳道受到不同程度的损伤，并且留下了鼻炎的毛病。

机遇与挑战并存的学习之旅

2001 年，18 岁的王宏威作出了离开广东省省队、回到北京生活的决定。一方面，作为土生土长的北京人，他依旧深深地思念自己的故土与亲人；另一方面，成年之后的他逐渐开始思考起未来的人生规划，在他的脑海中，想要学习、想要读书的念头开始不断涌起。但由于那时通讯手段不发达，有关各所大学招生要求的信息远没有今天这般容易获取。18 岁的王宏威空有一颗想要读书的心，却没有途径获取求学信息：如何报考大学，报考大学的条件，要报考哪所大学，学什么专业，都成为令他迷茫和困惑的问题。那时的王宏威认为，身边上大学的人都要经过高考的选拔，自己从未上过高中，那么如何上大学呢？一位朋友告诉他，

王宏威在 2005 年全国现代五项锦标赛马术项目比赛中

如果你有优秀的成绩，可以不走高考的途径，尝试申请免试上学。王宏威这才第一次知道，自己早些年挥洒汗水换来的成绩，竟然可以成为他如今进入大学校园学习的敲门砖。

在众多北京高校中，王宏威最后选择进入与他专业最对口的北京体育大学学习，在给校办打电话知晓了入学要求后，王宏威正式提交入学申请并通过了学校考核，并于2001年正式进入北京体育大学运动训练专业学习。初入大学校园的王宏威在感叹学习课程种类丰富的同时，又对自己过早退役、从此离开职业体育道路有些不甘心。他想趁着身体机能的黄金时期尚未过去，再努力一次，重新回到赛场上拼搏。这次王宏威没有只单单回到自己最熟悉的游泳池中，他的训练内容变得从未有过地丰富起来，因为他选择的复出项目是一项综合性体育项目——现代五项。

丰富多彩的下一段人生

现代五项，是一项具有悠久历史的奥林匹克运动，早在公元前708年举行的第十八届古代奥林匹克运动会上，就有了“古代五项竞技”项目，不过当时是五项格斗的比赛。如今的现代五项是由马术、击剑、射击、游泳及跑步5个单独的运动项目组成的一种综合性比赛项目。王宏威最开始有机会接触现代五项项目，也得益于北京体育大学优良的办学条件。北京体育大学在拥有校属马场的同时，也有自己的现代五项训练队，王宏威的复出之路就从这里开始。在经过一年的训练之后，2002年王宏威正式加入江苏省现代五项省队，成为一名现代五项职业运动员。由于王宏威以前的主项是游泳，于是他不能将重心放在自己的优势项目上，而是要将精力投入自己的弱势项目中。王宏威在其他四项训练时感觉最痛苦的是长跑，现代五项比赛要求选手在野外或公路环境上跑3000米，那么职业选手平时的训练量就要比比赛要求高出几倍。长期进行游泳训练让王宏威在训练之初很不适应，但得益于他良好的身体素质，很快便适应了长跑的节奏。王宏威最喜欢的项目是击剑和马术。击剑作为对抗类项目，充满刺激性；马术则能使他感受到一种“与马同乐”的愉快，时至今日王宏威的骑马技术依旧保持得很好，偶尔闲暇时去草原骑马，他依旧能轻松地驾驭陌生的马匹。在江苏省省队期间，王宏威在2005年全国现代五项锦标赛中获得团体第一名，并在同年全国现代五项冠军赛中获得冠军。

按照当年现代五项的比赛要求，王宏威需要在比赛进行当天上午完成射击与击剑两个项目，中午还没吃饭就要开始游泳，游泳项目结束后进行马术比赛顺序的抽签，而后在当天下午完成马术与3000米长跑的比赛。这一天需要从早上5点起床准备，6点开始比赛，大概在下午5点结束所有项目。2005年，王宏威参加第十届全运会现代五项接力赛，获得第六名的成绩。对于王宏威来说，参加过的记忆最深刻的比赛莫过于全运会与亚运会。对于一位运动员来说，这样四年一届的大型综合体育赛事往往都是自己职业生涯里最重要的节点，整整四年的训练与准备，只为了能在赛场上展现自己的实力，发挥最好的水平，无论对哪位运动员来说，这都必然会成为一段无法磨灭的深刻回忆。在整个比赛期间，最让王宏威煎熬的是即将开始比赛前的几天，他记得自己深夜躺在床上辗转反侧，既兴奋又紧张，一闭上眼，眼前就全是训练时的技术动作要领，完全无法入睡。最令他紧张的时刻则是比赛时经过检录后，前一组开始比赛的时刻，他的心率会瞬间飙升，紧张到什么都听不到，而在比赛开始的那一刻，一切又会立刻进入比赛状态，但一直到比赛结束后，王宏威才能真正放下心来。

2007 年，王宏威参与北京奥运会中国国家队选拔，最终遗憾落选。在失落与遗憾交织的思虑中，王宏威决定“急流勇退”，退役进入社会工作。他从 2007 年到 2011 年在北京体育大学现代五项队担任击剑与游泳两项教练，随后于

王宏威参加 2012 年击剑全国锦标赛

王宏威在第十九届杭州亚运会铁人三项项目担任裁判

2013 年受聘成为首都体育学院教师。十年的教育教学经验让王宏威成为了一位受学生爱戴的资深教师，在课余时间，王宏威还发挥自己作为职业运动员的优势，成为国家潜水教练员考评员、铁人三项国际级裁判，参与了世界军人运动会铁人三项赛，多次参与铁人三项世界杯赛、亚洲锦标赛及全国锦标赛等赛事筹备及裁判工作。

纵观王宏威的整个职业运动员生涯，“选择”是最重要的关键词，他在年少时选择成为游泳职业运动员，于当打之年选择进入高校深造；又敢于重新投入新项目受训，经受更换项目的痛苦，复出成为现代五项运动员；在巅峰期过去后又及时认清现状，找准目标，开启自己退役后的就职生涯。王宏威希望进入大学的体育人能够把握住在校时间，不虚度年华，确立目标，根据自身条件及意向，趁早培养核心竞争力，努力将自己培养成“一专多能”的体育人才，为未来就业打下基础，进而能够为国家体育事业发展作出贡献。

（本文由学生记者朱邓梓佳采写整理）

刘后 / 所有困难都打败不了一颗想赢冠军的心

2003 年，刘后在全国城市运动会上获得奖牌

成长路上，好的坏的都是财富。

——刘后

刘后，1991 年 1 月 28 日出生于湖南省长沙市，中国前女子体操运动员。1997 年进入湖北省省队训练，2001 年 1 月进入国家队。

曾获得 1998 年香港大埔体操邀请赛女子个人全能冠军、高低杠冠军、自由体操亚军；1999 年湖南省第三届少年运动会女子平衡木冠军、自由体操冠军；在 2003 年第五届全国城市运动会中获得一金（女子团体）三银（女子个人全能、高低杠、平衡木），同年 12 月获得奥林匹克青年杯全能第二、平衡木第一；2004 年 4 月，在泛太平洋比赛中获得团体第二，同年 10 月，获得中俄对抗赛团体第一、平衡木第一；2005 年 2 月，获得亚洲锦标赛团体第一、全能第二、平衡木第一，同年 5 月在全国锦标赛中获得团体第一，同年 10 月在第十届全运会上获得团体第二；2006 年 6 月获得全国锦标赛全能第二，平衡木、自由操与团体第三的成绩。

2007 年因伤退役，2008 年进入大连外国语大学学习法语，本科毕业后，2012 年考入北京师范大学，于 2014 年获得北京师范大学运动训练专业硕士学位，现在首都体育学院体育教育训练学院体操教研室工作。

3 岁初次展露体操天赋

刘后与体操的故事，缘起于其姑姑刘驰的一双慧眼。那个时候正在长沙市体育局担任体操教练的刘驰，在婚后不久主动把刘后接到自己家里抚养。由于刘后在 4 岁的时候，幼儿园被撤销，没办法去幼儿园上学的她，在随后的日子里，都会被姑姑带到体操训练中心，她也因此开始接受体操运动的熏陶。在此过程中刘驰很快发现了侄女在体操方面的天赋。在刘驰看来，刘后是个学习能力很强的孩子，别的孩子需要教十多次的动作，对于刘后来说三两下就学会了。由于过人的天资与勤奋的学习态度，1996 年，刘驰让刘后加入了自己的体操训练班。那段时间，白天刘驰负责刘后的训练安排，晚上负责刘后的生活起居。1997 年，刘后随着被调到湖南省体育局体操训练中心的姑姑进入省体操队。1998 年，在香港大埔体操邀请赛中，刘后以出色的表现一举夺得高低杠和个人全能两块金牌，同时还取得自由体操的第二名。两金一银的成绩让年仅 7 岁的刘后初尝胜利的滋味。1999 年，刘后又在湖南省第三届少年运动会上一举夺得平衡木和自由体操两块金牌。2001 年 1 月，刘后被国家体操队教练刘敏带到北京，以国家集训队的一名“新兵”身份，正式成为国家体操队的一名运动员。

2023 年刘后于国家体操馆前

爷爷奶奶悉心陪伴

凭借在第五届全国城市运动会中的出色表现，刘后在赛后引起了诸多的外界关注。人们纷纷看好这位初露锋芒的体操新秀，但当时很少有人知道在她的心里，还潜藏着一段不为人知的动人故事。在湖南省体操训练中心的两年时间里，刘后的爷爷和奶奶负责照顾她的生活起居。刘后的奶奶曾经说，刘后当时太小，训练非常辛苦，作为长辈无法在体操专业层面给予她帮助，只能尽力让她平时的生活能多些欢乐。奶奶把刘后视为最心爱的宝贝，每天晚上8点多，她便步行1公里来到体操训练中心，为刘后做好后勤保障服务，700多天里从未间断，这一举动让当时在湖南省体操中心的人无不感动。

爷爷奶奶无微不至的照顾，刘后一直心怀感恩。在2000年10月的一个晚上，奶奶照例来到刘后的训练基地为孙女洗衣服，不料家里因用电不当而失火，等她回到家，火虽然已被扑灭，但刘后历年来获得的奖状证书和部分奖牌都已被烧毁。但刘后并没有怪罪，反而体现出自己对待家里人的孝心。在刘后的心目中，爷爷、奶奶和姑姑是最亲的人，是自己一生的挚爱，是她最坚强的后盾支撑。

刘后深深感受到了爷爷奶奶对自己的爱，自己也想为他们做些事情。在第五届城运会的体操预赛中，当地的一家企业赞助给每位参赛队员一件汗衫。刘后在领取时特意挑选了一件大号的，因为刘后的爷爷最喜欢白色的汗衫，她便托随团的姑姑捎给在长沙的爷爷。之后刘后在参加比赛时，爷爷刘祖锡一直穿着孙女送的白色汗衫，爷爷与孙女之间最动人的情感，都体现在这件白色汗衫之上。它本身的价格不贵，但对于刘后和她的爷爷来说，却是无价之宝。

刘后在户外展示体操形体动作

初出茅庐，现身赛场

首次参加全国性大赛的刘后，难免有些紧张。在体操单项比赛赛前热身时，身穿紫色运动衣的刘后从高低杠上摔了下来。观众的心顿时揪了起来，大家纷纷好奇这个紫色的小精灵还能继续上场比赛吗？而在开赛后，刘后并没有选择退缩，座无虚席的赛场四周响起了热情的呼喊声，大家都在为她加油助威。只见这个小姑娘身轻如燕，不停地在高低杠之间来回穿梭，稚嫩的双臂轻盈舒展，在两杠之间翻飞，最后她在观众热烈的掌声中稳稳落下。这个可爱的紫色小精灵以 9. 475 分获得了体操高低杠比赛的亚军。这是刘后第一次参加全国性大赛，第一次参加大赛便获得银牌，刘后对此表示比较满意。赛后，有记者问刘后，热身时从高低杠上掉了下来有没有害怕？刘后表示这个动作在平时训练时练得还可以，比赛时有点紧张，动作有些急。刘后告诉记者，她最想拿的是女子体操全能金牌，最想参加的是奥运会，最想要的是世界冠军。那个时候的她，初出茅庐，无畏地朝着世界冠军的梦想努力前进。

据刘后的教练马青元介绍，刘后的高低杠、平衡木实力很强，但跳马稍显不足，属于

2011 年刘后参与世界大学生运动会

比赛型的选手。马青元谈到这次比赛主要目的是提高她的实战能力，为今后参加国际大赛进行相应的准备。这次教练并没有给她提出很高的要求，只是要求她发挥出平时训练的水平就可以。马青元结合本次比赛认为，在个人全能比赛中，刘后有点失误在所难免，但她当天的水平发挥比较正常。刘后年龄小，相关比赛经验也较为缺乏，毕竟是第一次参加这样的全国性比赛，获得亚军属于是不错的成绩。此外据马教练透露，刘后平时爱吃零食，爱看电视和听音乐，聪明好学，学习成绩也不错。教练平时对她吃零食管得较多，担心摄入过多对她的体重有影响，在训练时刘后有点怵教练，但知道教练是为她好，对于下达的任务总能按时保质地完成。

城运之星，向偶像看齐

在城运会的赛场上，刘后发出“长大后要像璇姐一样成为奥运冠军”的心声，与刘璇一样姓刘、同样为湘籍运动员、同样在平衡木等项目上拥有不俗实力的女孩，以其先天的禀赋和后天的勤勉，同样会有在世界赛场上展露锋芒的一天。国家体育总局原副局长李富荣认为刘后身手不错，很有潜质。国家体育总局体操运动管理中心主任高健则认为，刘后的表现给他留下了较为深刻的印象。在中国体操队总教练黄玉斌看来，她是一名很优秀的体操运动员，今后会对她进行重点培养。

在城运会上屡创佳绩的长沙队体操选手中，刘后的战绩并不是最出类拔萃的，但受到的宠爱却堪称最多。这位一身紫色体操服的“小精灵”每一个漂亮的动作，甚至令人遗憾的偶尔失误，都能在专家席和观众席引起极

2003 年刘后在城运会自由操项目上的比赛动作

大的关注。对于刘后本人来说，城运会是刘后参加的第一个重大比赛，一金（女子团体）三银（女子个人全能、高低杠、平衡木）的成绩应该算是不错了，但却远不能使这位好胜的小姑娘感到满足。赛后刘后在接受记者采访时，稚气未脱的小脸蛋上“写”满了不服输的韧劲和信心。为了向自己心目中的偶像“璇姐”看齐，刘后在刻苦训练之余还作出了一项重大牺牲——忍痛告别了自己最爱吃的零食，以保持体重。

所有经历都是最好的财富

对于自己退役后选择了攻读法语专业，刘后表示，自己想要吸收体育之外的知识，之前的训练与比赛都是集体生活，她也想试着让自己去到一个独立的环境，学着去融入个体环境，而法语作为国际体联的第一语言，在当下的时期是最好的选择。毕业后的她，以老师的身份进行教学已经有十余年了，起初的刘后在教学中以训练队中较为严格的要求对待学生，但随着时间的推移，她逐渐意识到学生与运动员是不一样的，面对学生需要讲究方式方法，让他们积极主动地去求学，发挥教师所长帮助他们。

目前，刘后取得了体操项目的一级裁判员资格，以裁判的视角看待体操项目会更为严格，也有利于自己更为细致深入地了解其中的知识。近年来，她也参与发表过多篇文章，在《关于变换练习法在高校体操普修教学中的运用分析》一文中，运用变换练习法可以随着学生的身体协调能力以及对体操动作掌握的熟练度来改变体操练习过程中的难易度，使得初学者对体操的学习由浅入深地进行，逐渐体会体操的奥妙，在体操练习过程中，加深对体操的感悟和体会，帮助学生复习已掌握的动作要领，提高学生的身体运动能力。

提到如今的学生与当初的自己有何不同之处，刘后认为，在体操队里的自己求知欲望更强，对待事物的好奇心、对待比赛的好胜心都是十分强烈的，对待指示在思想与行为上都坚决服从，相比较而言如今的高校学生在思想与行为上更加自由，愈发呈现多样化的趋势，基

刘后执裁全国体操少年赛

刘后为中国健儿加油

于这一特点，需要教师结合不同学生的特点进行个性化教学。

刘后认为，过往的一切都是财富，好的经历与不好的经历成就了现在的自己。职业体操的路上，有来自各方面的困难：由于高难度的动作产生畏难心理导致思想上的退缩、习以为常的伤病、教练团队的严苛要求等，但这些都打败不了一颗想要赢得体操冠军的心。那时候的刘后，没有其他选择，只有满腔热血，义无反顾地在这条路上坚持到底。而如今，当她回首过往，才明白所有这些经历都是宝贵的财富，它们植根于内心深处，成就了现在的自己。

（本文由学生记者武俊鹏采写整理）

肖杰 / 为羽毛球事业终生奉献

肖杰任职首都体育学院期间工作照

我从未动摇过我的初心。

——肖杰

肖杰，首都体育学院教授（国家二级）、博士生导师。原中国羽毛球队队员、世界羽毛球公开赛冠军，运动健将。中央电视台体育频道羽毛球体育教学系列片《专家把脉》教学片撰稿、主讲及示范教练。国际羽联世界羽毛球培训中心主教练。国际奥委会奥林匹克学院（IOA）客座教授。国家体育总局羽毛球社会体育指导员职业资格鉴定专家委员，羽毛球教练员行业标准培训鉴定体系构建负责人。教育部教育现代化人才计划评审专家。“中国羽毛球教育教学理论创新与实践”学术研究团队负责人。国家体育总局科教司组编的全国高等体育院校《羽毛球》教材组组长。教育部全国普通高等院校“十一五”“十二五”国家级规划教材《羽毛球运动理论与实践》主编。教育部“全国亿万学生阳光体育运动”、全国中小学生课外体育活动工程“体育、艺术2+1项目”《快乐羽毛球——中学和小学》主编。出版羽毛球运动著作20余本、课件10余部，发表专业科研文章300余篇。

天赋：走上羽毛球运动员道路

肖杰1965年7月5日出生于云南省，不知是冥冥中的巧合还是注定，世界羽毛球联合会就成立于7月5日，这天也在2022年被定为世界羽毛球日。似乎一切命运都被水到渠成地书写好，然而这位世界冠军并非从一开始就立志成为一名羽毛球专业运动员。“最早的时候，我练的是体操。”生于运动员世家的肖杰从小练习体操，柔韧性与协调性都很好的她本可以一直坚持这条道路，然而随着年纪渐长，手长腿长的肖杰在高低杠项目逐渐吃力，“教练说我太高了，建议我换条路走。”当时肖杰从图片看到女性羽毛球运动员“穿着漂亮小裙子，优雅地在打羽毛球，很喜欢”。正是出于一个小女孩最单纯的想法，肖杰尝试了羽毛球运动，或许是源于体操基础，总之，第一次接触羽毛球的肖杰就被教练盛赞天赋异禀，“那时教练让我做几个动作，我觉得都很容易，教练教我一个动作，我看一遍就会了。”于是，仅仅练习了很短时间，10岁左右的肖杰就入选了云南省羽毛球二队。

在二队，儿时的肖杰逐渐明白，羽毛球不只是漂亮优雅的。每天早上6点的早操，2000米的跑步距离，每天的早操都要计时，每天都必须跑得比前一天快。然而，正是由于这样日复一日地训练，“虽然年龄最小，但一直保持队内第一，没变过。”

荣誉：竞争、努力与成绩

20世纪80年代初，时值改革开放，中国羽毛球终于结束了“无冕之王”的状态，可以在国际上同各国顶尖高手一较高下。正是在这一背景下，国家选取各省份最优秀的羽毛球运动员进行集中培养。“全封闭训练，各省的尖子进行大比武式的集训，所有人大循环，从第一名排到最后一名。”几轮下来，共选拔出4名女运动员、5名男运动员组成了中国青少年队，肖杰赫然在列。这之后，在全国青少年锦标赛中取得好成绩，16岁的肖杰被调至中国羽毛球国家队，师从中国羽毛球国宝级教练汤仙虎。

国家队的日子是艰辛而枯燥的，肖杰开始了每天围绕宿舍、饭堂和运动场“三点一线”的生活，“那时候只想一件事，就是怎么样去取得好的成绩。”她至今还记得当时的多球训练，

肖杰与汤仙虎教练合影

1986 年肖杰在荷兰获世界羽毛球公开赛女子单打冠军

1982 年肖杰获英国温布尔顿青年锦标赛女单第一名

1985 年肖杰获印度尼西亚世界羽毛球公开赛女单第三名

“一口气打 600 个球，途中只允许二至三次短暂的停歇（类似对抗中球落地捡球时的几十秒），喘口气，接着再不停歇地接教练发来忽前、忽后、忽左忽右不同位置的球，接球再接球……机体负荷到极限时，东南西北分不清，球也看不清，只盯住空中飞来的那个‘小白点’，不停地跑动，我要打到它、打到它……”正是这样高强度训练和“再坚持一下”的信念，使得肖杰拥有了极其扎实的基本功，并从中锻炼出敢打敢拼的意志和持之以恒的毅力。

也正是靠着过硬的实力和顽强拼搏的精神，肖杰在 1983 年、1985 年两次获印度尼西亚世界羽毛球公开赛女子单打第三名，在 1986 年获荷兰和比利时世界羽毛球公开赛女子单打冠军；被国家体育总局授予运动健将称号，实现了为国争光的理想。

转型：成为高校教师

荣誉固然值得骄傲，但肖杰想到了更多。自童年以来，肖杰将自己的全部青春年华奉献在运动场上，同龄的只有队友，没有同学，肖杰的大段人生除了练习羽毛球，几乎是空白的。另一方面，我国羽毛球运动理论研究严重滞后于羽毛球竞技运动发展，羽毛球教育教学基础理论研究急需优秀人才。在此现状下，“我想读书，想弥补不曾拥有的学生时光”，“想通过学习，提高自身知识水平，将自己在竞技运动实践中所经历、体会和感悟的东西，将我国几代人积累的训练经验、方法手段总结出来，上升到理论高度”，于是，22 岁的肖杰选择退役，并放弃当时“海外兵团”诱人条件的邀请，毅然选择进入大学学习。没能如常人一样接受义务教育、基础知识缺乏等窘况，是当时摆在肖杰面前的严峻现实。然而，拼搏不仅体现在赛场上，还体现在书本上的字字句句中，“将为追求冠军所付出的努力用于学习，没有做不到的事！”依靠积极的学习态度和刻苦钻研的精神，肖杰克服重重困难，顺利完成了大学学习并在毕业后留校任教，之后又克服语言难关，留学（还曾执教）美国马里兰大学并获教育学硕士学位，回国后，肖杰与时俱进继续深耕，成长为一名优秀的高校青年骨干教师，致力于通过教育手段将自身掌握的知识技能传承下去。

耕耘：让更多人学打羽毛球

羽毛球运动作为我国全民最喜爱的健身运动之一，其普及程度和参与人数都处于世界领先地位。基于我国全民健身和奥运争光战略的需要，1998 年中央电视台体育频道决定拍摄和制作我国首部大型羽毛球教学片《学打羽毛球》。当时，由谁来执教这部教学片一直在斟酌，现役运动员能够完成标准的示范动作，但不擅长教学和撰写；体育院校的权威教授，能教会写，但又做不了竞技运动示范。在此情况下，该片总顾问、我国羽毛球运动鼻祖、中国羽毛球队原总教练王文教认为“肖杰具有专业运动员背景，又具有专业理论研究能力，能教会写，是最合适的人选”。在他的推荐下，肖杰应邀担任《学打羽毛球》的设计、撰稿、示范和讲解（教练）工作。

接受任务后，如何教、如何讲成了摆在肖杰面前的问题，在没有前人经验借鉴和指导的情况下，肖杰用了大半年的时间，独当一

肖杰与王文教先生合影

面，认真钻研，完成了30多万字拍摄脚本的准备，将自身竞技实践与理论知识结合，集内容策划、设计、撰稿、示范和讲解于一身，循序渐进、通俗易懂地将羽毛球运动知识、技战术方法和科学训练等内容从A到Z系统呈现，开创了我国羽毛球教育教学片的先河。CCTV-5“羽毛球体育教学系列片”《专家把脉》播出后，社会各界反响热烈，在CCTV-5及湖南体育卫视等多次重播，收视人群达几亿人次，发行光盘数万套。当时仅从互联网搜索到转载的网站就高达两百多万个，视频点击量更是数以万计，该教学片以其优美标准的示范动作和栩栩如生的准确讲解，形成我国羽毛球教育教学模式。

“当时给我的目标任务是（这部教学

CCTV-5“羽毛球体育教学系列片”《专家把脉》教学片中的肖杰

片）10年内不被超越。事实证明，时至今日，20多年过去了，互联网上仍然流传着这部片子，大家依然在使用它，我们完成了国家交办的任务。”互联网上的热搜词条一天换一遍，被频繁使用的流行语一年后也逐渐过时，历经20年依旧成为教学模板的影片，靠的是对每个技术动作的剖析，对讲解的字斟句酌，对观众需求的了解和对教学与训练方法的研究。这部系列片见证了历史，但远没有成为历史。

之后，在北京奥运会前夕，2006年，肖杰再次应邀担任设计、撰稿、示范与讲解，与羽球四大天王之一的赵剑华一起重新拍摄了“羽毛球体育教学系列片”《专家把脉》，针对性地深入讲解羽毛球运动，该片同样深受广大羽毛球爱好者喜爱，受众人群广泛，影响深远，获得了北京市政府颁发的教学成果二等奖。

成就：羽毛球领域独树一帜

从1989年起，肖杰开始在首都体育学院任教，为首都体育学院培养了大批优秀的羽毛球专业人才，也在首都体育学院提供的广阔平台上开展了许多具有影响力的学术活动。如今，拥有46年工龄的肖杰，成长为我国唯一集竞技体育冠军、高校教授（二级，我国体育领域最高职称）和博士生导师（职业选手出身）于一身的羽毛球领域专家。

肖杰在国际羽联指导各国选手训练

2008年奥运会前夕肖杰与训练营接受指导的各国选手合影

肖杰针对少年儿童、中小学、高校及社会成人等各层次羽毛球爱好者编写了各类针对性教材和科普读物，参与了我国青少年羽毛球大纲教法指导、我国社会体育指导员职业资格行业标准制定及教育部体育与健康（羽毛球项目）中考教师用书编写，为国家培训了1万多名社会教练员。近期，肖杰还完成了幼儿羽毛球课程研发，开创了幼儿羽毛球运动教育新篇章。肖杰的教学之心，历经30余年从未动摇。

肖杰将毕生心血奉献给中国羽毛球事业，用学习与坚持践行热爱，用汗水与拼搏昂扬信念，用耕耘与责任丈量初心。那个曾经羡慕羽毛球运动员裙摆飘飘的小女孩，如今早已成果丰硕，桃李满天下。

（本文由学生记者宋场采写整理）

史博 / 在失败与胜利中保持平常心

2023 年 8 月史博在北京某体育场训练

每个人都能在体育中雕刻人格。

——史博

史博，1987 年出生，原北京网球队队员，曾效力于中国软式网球队。

作为中国软式网球国家队前队长，史博多次参加全国软式网球锦标赛、冠军赛并取得了优异的成绩。在 2010 年第十六届亚运会中，他是中国代表团成员之一。在软式网球比赛项目中，史博作为主力队员，和队友获得男团铜牌，这是中国男子运动员软式网球比赛在亚运会中取得的最好成绩。史博同时取得软式网球比赛男单第五名和男双第五名的好成绩，这是中国男子运动员在历届亚运会该项目中取得的最佳成绩。

2011 年史博在第十四届世界软式网球锦标赛韩国站中，获得了混双亚军，并在 2012 年被国家体育总局授予“国际级运动健将”称号。

8 岁时的兴趣

8 岁开始练习网球的史博，12 岁进入北京市网球队，在 22 岁时转项到软式网球项目进行训练，进入软式网球国家队。软式网球和硬式网球相比，较为冷门。最早诞生于日本、从网球运动中派生出来的软式网球，在 1990 年北京亚运会上成为表演项目，在 1994 年广岛亚运会上成为正式比赛项目。于史博而言，自己与网球运动项目的故事，还要追溯到他 8 岁的时候。那个时候的他，对网球这项运动展现出了极大的兴趣，他喜欢每一次挥拍击球的感觉，喜欢网球与球拍相遇的瞬间，喜欢在赛场上奋力救球的时刻。兴趣是最好的老师，带着这样一份热爱，史博从那时候起每天坚持训练，乐在其中。尽管年龄小，但他对自己严格要求，当同龄孩子畏于坚持、轻言放弃的时候，史博却很少抱怨，并坚持了下来，这一坚持就是 17 年的运动生涯。后来史博凭借自身不错的条件，进入北京市网球队，成为一名专业的网球运动员，而后又转项，进入中国软式网球国家队。网球和软式网球这两项运动，有着千丝万缕的联系，而它们对于史博来说，亦存在着难以割舍的情感联系。在史博的人生之路中承载了一种谁也拿不走的东西，那便是自己与体育运动之间构建起的专属情感。

2021 年 11 月在国家网球中心

体育雕刻人格

17 年的运动生涯，在史博心中，是一段难以忘却的经历。每个体育人都有自己心中的那份信念寄托，以便帮助自己更好地面对职业道路。征战职业赛场以来，史博一直秉承这样一句话：体育可以雕刻人格。回过头看这 17 年的运动生涯，带给了史博太多的东西：比赛中伤病、遗憾中的心酸泪水、美好与收获下的喜悦笑容，所有这些元素加在一起，好的与不好的全盘打包接受。在史博眼中，这些是自己难得的人生经历，是成长路上最为宝贵的财富。

2020 年 10 月史博在首都体育学院进行网球教学

竞技体育的道路必然是残酷的，但在这条路上，这些无形的财富使他领悟到许多内在的意义，这种感悟不是基于表象的，而是只有真正参与竞技体育的人才能体会其中的内涵。体育职业化表面是残酷、辛苦的，但这份磨炼的背后，正是对精神意志的考量，是对良好品格的培养与塑造。体育运动中所需要的团队合作、良好心态以及坚持不懈等要素，便是这份精神意志的外化。

所谓体育可以雕刻人格，在史博看来，即无论身处何种环境，运动能力是高还是低，参与的是何种运动项目，秉持这一理念，都不影响你成为一个更好的人、成为一个有着强大精神意志品格的人。这句座右铭无论是在职业体育中还是日常生活中都能寻觅到它的影子。它所雕刻出的人格，在人生的十字路口往往起到了决定性的作用，这是体育雕刻人格的最大意义所在。

转型之路

2015年于史博而言，是职业征途的一大转折点。这一年史博来到首都体育学院，告别了运动员的身份，以一名大学教师的身份重新和大家见面。如今在首都体育学院，史博担任网球科目教学工作已有8年时间。在这8年里，史博不断探索着适合自身的教学模式，以便更好地促进学生的全面发展。从运动员到教师的职业身份转变，史博一直以学生为导向，结合相关问题关注学生的实际需求。在课堂上，面对学生们认真求知的学习态度，史博将自身的宝贵经验、理论知识与教学技能毫无保留地传授给每一位学生，学生们总能从他的课程中获益匪浅，这些收获或来自网球运动技能的增长，或对于如何处理困难与挫折有了更为清晰的心得。在校园里，每当他看到学生充满活力的样子、满身大汗但又不知疲倦的状态，史博总是会想起那个曾经和他们一样的自己，这就是体育事业最迷人之处——体育精神的传递。如今史博通过自己身份的转变，以老师的身份延续着自己与体育之间的联系。史博一直都不愿离开体育这一领域，这是他热爱且擅长的，他希望在体育这个大家庭中继续发挥自己的余热，虽然不再是一名运动员，但是他积极通过教师这一身份，更好地向人们传递体育运动的精神与魅力。在身份的转变、教学的转换之中，史博的转型之路散发着属于体育独一无二的气息和感染力。

2018年9月史博在国家网球中心比赛现场

体育精神的传达

现在的史博，作为一名高校老师，每个学期都会接触很多学生，有的学生是通过体育专项考进来的，而有的学生是非专项生，学生的情况不同，因而每个学生对体育的理解都是不同的。但无论有多大差异，史博始终都坚持这一教育观念，他想要和学生们分享的不仅仅是高深晦涩的技术理论，还要把体育精神和运动带来的快乐传递给每位学生，这才是他内心的教学初衷。无论学生参与的是哪项运动，参与运动的初衷是什么，只要真正地全身心投入进去，用心去感受体育运动的魅力，最后总能有所收获。这种收获也许是来自精神层面的快乐，或许是在体能方面的提高，又或许是从中学会了如何用积极的心态去面对困难、用平常心去看待胜利，做到胜不骄败不馁。这些收获不仅仅是对体育，其实对于每个人的生活亦是如此，可以说是每个人人生路上最为宝贵的财富。他希望自己的学生可以带着这笔财富，更好地朝着自己的人生目标出发。于自己而言，史博谦虚地认为自己谈不上冠军教师，他眼中的自己只是一个一直热爱体育运动的人。史博希望自己可以与学生们做朋友，在教与学的互动中与学生们一起进步、一同成长，共同通过体育这一桥梁成为更好的人，去面对生活中的任何困难，发挥自己内心具备的精神品质，做到不胆怯、不畏惧，面对困难与挫折要有迎难而上的魄力，相信自己可以做到。如今在史博的课堂上，也常常能够听到他将自己的体育观念传导给学生，课堂之外，史博如同一位大哥哥，设身处地为学生们解答各种疑惑，从网球教学到学生生活的方方面面，史博将自己的经历和心得与学生们分享，引导学生们培养与树立正确的体育观念。

2021 年 11 月在国家网球中心

“体育可以雕刻人格”是史博的座右铭。职业赛场的他，以精湛的球技表现使得越来越多的人感受到网球与软式网球的魅力；教师岗位上的他，围绕体育精神理念的核心，为学生们指出面对生活与工作应有的精神意志，并悉心指导学生如何将这种品质注入到日常生活中。

（本文由学生记者武俊鹏采写整理）

陈臣 / 八一男篮神射手的篮球之路

2006 年，陈臣代表八一双鹿男篮拿到 CBA 总冠军，穿军装合影留念

过去的荣誉就让它过去吧，现在我只想做一位好老师。

——陈臣

陈臣，1983 年 8 月 26 日出生，河北保定人，CBA 总冠军成员，司职前锋，曾效力于八一双鹿男篮。

2002 年，陈臣代表中国出战第十七届亚洲青年男子篮球锦标赛获得冠军；2005 年，陈臣代表解放军男篮出战第十届全运会，以八战全胜的成绩拿到金牌；CBA2006—2007 赛季季后赛首轮第三场，陈臣在对阵浙江万马队比赛中三分球 11 投 8 中，帮助球队赢下天王山之战；CBA2006—2007 赛季，陈臣场均出场 27.5 分钟，拿到 8.9 分，两分球命中率 53%，三分球命中率 50%，帮助八一双鹿男篮获得 CBA 总冠军；2007 年，陈臣代表中国男篮出战亚洲男子篮球锦标赛，场均出场 23.4 分钟，拿到 11 分，两分球命中率 49%，三分球命中率 50%；2011 年，陈臣考取首都体育学院体育教育专业研究生；2014 年，陈臣成为首都体育学院体育教育训练学院篮球教研室教师。

机会总是留给有准备的人

陈臣出生于河北省保定市，父亲是当地一名篮球运动员，对篮球十分热爱，在父亲的影响下，陈臣从 7 岁起就开始篮球训练。小学阶段，他每天放学后雷打不动地花两个小时去保定业余体校训练基本功。这段时间的努力，为他日后进入职业队打下了坚实的基础。由于自己的勤奋，在小学毕业时，陈臣的篮球水平已经超出同龄人一大截。

小学毕业后，时任首体竞技体校校长的王守恒教授发现了这位天赋异禀的少年，并把他带到了首体竞技体校。陈臣深知这个机会来之不易，进入竞技体校后，在首体篮球名师薛正武的指导下，他训练更加刻苦，篮球水平也突飞猛进。

在一次机缘巧合下，时任中国女篮主帅的马连保教练发现了实力出众的陈臣，并推荐他到八一青年男篮试训。但这次试训给了陈臣一次沉重的打击，八一青年男篮汇聚了全国的篮球天才，而陈臣是第一次经历这么大的场面，试训时十分紧张，导致发挥有些失常，最终遗憾地和八一青年男篮失之交臂。

试训意外失利，对年少的他而言，并不算是坏事。

这次经历打开了陈臣的眼界，他认识到，尽管自己天赋出色，但全国篮球天才众多，要想脱颖而出进入更大的舞台，必须付出加倍的努力。因此，13 岁的他暗自下定决心，要成为一名职业篮球运动员。带着这个想法，陈臣再次回到首体竞技体校，开始了日复一日的苦练。

一年半后，马连保教练带队在首体训练，训练结束后，碰到了陈臣。马教练不解地问道："当时我不是推荐你到八一青年队试训了吗，你怎么在这呢？"陈臣有些愧疚地回答道："当时试训没能通过，我就又回到学校了。"马连保教练虽然当时没说什么，但在心里记下了这位略显青涩的小伙子。一段时间之后，马教练成为八一青年队主帅，出于对陈臣的赏识，马教练第一时间让陈臣到八一青年队报到。从那一刻起，年少的陈臣踏上了成为八一男篮神射手的征途。

1996 年陈臣在首体前身北京体育师范学院留念

苦练，是他成功的秘诀

马连保教练是中国篮球界的一代名师，姚明、王治郅、朱芳雨等中国男篮名将都是他的弟子，陈臣在他的指导下，篮球水平再次有了质的飞跃。陈臣清楚地知道，青年队阶段正是打磨基本功、锻炼体能的重要时期，一旦到了一队，教练就没有时间再去纠正基本功，练的更多是技战术层面的内容。因此，要想进入一队，进入中国篮球最顶级的联赛，就一定要在青年队期间打好基础。

八一男篮的训练强度在全国是出了名的，所以才铸就了那支功勋卓著的“八一王朝”。

当时队里每周只在周日下午放半天假，其余时间都在训练，有时一天两练，更多时候是一天三练。无论酷暑还是寒冬，雷打不动的 3200 米从未间断。长时间心肺功能训练，练就了他们钢铁般的意志和用之不竭的体能。有时在训练结束后，还会拉到操场跑 10 个 400 米，队里分成两组，每组 200 米交替跑，全程无氧，连续冲刺，有时候陈臣感觉自己的肺都要炸了，但为了能早日进入一队，他还是咬牙坚持了下来。功夫不负有心人，在陈臣的刻苦训练下，2003 年，他顺利进入八一男篮一队，成为了这支传奇男篮的一员。

想在 CBA 立足，可没那么容易。

菜鸟赛季，陈臣经历过一段苦闷的低谷期。新秀们在青年队或地方队时期，大多都是球队核心，习惯有球在手的打法。进入到一队后，队内的老大哥们无论是身体、技术、经验，都要比新秀高出一大截。所以，在菜鸟赛季新秀们都要从角色球员开始打起，做一些脏活累活。陈臣起初并不太适应这种打法，而在同一位置上，八一男篮坐拥张劲松、李楠、陈可等名将，一年级的陈臣只能坐在冷板凳上。这段时间他情绪有些低落，但他很快就完成思想上的转变，上场时间少，那就珍惜场上的每一秒钟，在有限的时间内迸发出最大能量。在场下，也不放松对自己的要求，如饥似渴地学习老大哥们的经验，争取有朝一日为球队作出更大贡献。

第十届全运会，陈臣代表解放军男篮出战。备战期间，训练强度再度升级，大多时候都要一天四练，高强度训练带来的疲惫感在这段时间爆发，陈臣沮丧地告诉父母自己真的要

第十届全运会解放军队对阵广东队，陈臣对阵杜锋

撑不住了。父母非常能理解陈臣的委屈，当即来到江苏训练基地，为他疏解压力。在父母的支持和鼓励下，陈臣咬紧牙关，完成了这次备战。

陈臣在第十届全运会上大放异彩，他与刘玉栋、张劲松、李楠等名将一同出战，在决赛中战胜实力强劲的广东队，以 8 战全胜的战绩获得全运会男篮金牌。

CBA2006—2007 赛季，同一位置上李楠、陈可遭遇伤病困扰，八一男篮锋线上仅剩张劲松和陈臣两人。20 岁的陈臣临危受命，场均登场时间从 3 分钟上升至 27.5 分钟。他最终没有辜负球队的信任，场均得分从 2.5 分飙升到 8.9 分，同时保持着极高的效率，两分球命中率 53%，三分球命中率更是高达 50%。季后赛首轮对阵浙江万马队第三场，李楠中途受伤，陈臣替补登场，三分球 11 投 8 中，帮助球队艰难赢下天王山之战。在总决赛中，八一男篮战胜拥有易建联、朱芳雨、杜峰等众多国手的广东华南虎，拿下了八一男篮队最后一个 CBA 总冠军。

26 岁，因伤遗憾退役

伤病，是运动员最大的敌人。

在陈臣拿到 CBA 总冠军的这一年，双膝半月板软骨出现伤病，经常会有积液，导致行走困难。但那年正是夺冠的好时机，陈臣的竞技状态也在不断提高，因此就一直咬牙坚持。在拿到总冠军后，由于陈臣的出色发挥，他被选入了中国男篮二队，代表中国出战 2007 年亚洲篮球锦标赛。那年的亚锦赛是奥运资格赛，由于中国是 2008 年奥运会东道主，享有直通奥运会的资格。因此，当年的亚锦赛，国家选择让年轻人去参赛，如果谁表现突出，就提拔到中国男篮一队，与姚明、王治郅、易建联等男篮名将一同参加奥运会。作为一名职业篮球运动员，为国出战永远是最高追求。尽管身上有伤，陈臣仍不想放弃这次机会。因此，他选择推迟手术时间，带伤为国出战。在亚锦赛上，陈臣发挥出色，场均出场 23.4 分钟，拿到 11 分，两分球命中率 49%，三分球命中率 50%。但受伤病影响，最终错失了参加奥运会的机会，这也让他遗憾终生。

亚锦赛后，陈臣选择接受双膝半月板手术，术后的 3 个月里，他甚至不能下地走路。随之而来的是漫长的恢复期。长时间卧床会导致肌肉粘连、韧带收缩，要想恢复如初，就必须忍痛拉伸。

那段日子，充满了阴霾。

在经历了长达半年的恢复期后，陈臣终于能正常跑跳，但也仅此而已，训练强度一旦增加，双膝就疼痛难忍，这对于正处在职业生涯上升期的他来说，无疑是毁灭性的打击，这段时间他的身体和精神遭受了巨大的折磨。此后，陈臣几次尝试复出，但膝盖的伤已经不允许他再进行高强度的训练和对抗了。

2010 年，26 岁的陈臣带着无限的遗憾，无奈选择退役。

我只想做一位好老师

退役后，陈臣开始思考自己今后的人生道路该怎么走。他找到当时将他带到首体竞技体校的王守恒教授，征求王教授的意见。王守恒教授建议他考研究生，在研究生阶段提升自己的理论水平，毕业后可以进入高校，把自己的篮球经验传授给更多的孩子们。陈臣自己也很喜欢这条路，因为在工作后仍可以继续自己的篮球事业，于是，陈臣静下心来学习，用一年多的时间备考，在 2011 年，顺利考取了首都体育学院体育教育专业研究生，并选择了自己的人生导师王守恒教授做他的研究生导师。

研究生 3 年，陈臣丝毫没有摆出 CBA 冠军的架子，与同学同吃同住，认真完成自己的学业。至今，他和自己的室友仍保持着良好的关系。在学校里，他还积极参加活动，加入首都体育学院篮球队，并率队在全国体院杯篮球赛上赢得季军。

2014 年研究生毕业后，陈臣凭借自己出色的运动员经历，顺利进入首都体育学院，成为体育教育训练学院篮球教研室的一名教师。

成为高校教师后，陈臣最大的心愿就是培养人才。

陈臣每 3 年带一批学生，从学生大一入学，一直到课程结束。这些年来，他带过的学生已有上千人之多。他在课堂上除了传授学生们体育专业知识，还会从人生规划角度给学生

2014 年，陈臣拿到首都体育学院硕士学位证书

提出建议。在学生大一刚刚入学时，他就告诫学生们要做好大学期间的规划，给自己定一个明确的目标：要学会哪些技能、要考下哪些证书、毕业后要做什么工作等。用陈臣的话说，他对待学生就像对待自己的孩子一样，希望每个学生未来都能有好的发展前景。

努力、沉稳、低调，是陈臣最大的特点。拿过CBA总冠军、入选过国家队的他，从未在学生面前主动提起过以往的经历。陈臣说，过去的事就让它过去吧，现在的他只想做一位好老师。

（本文由学生记者屠振如采写整理）

刘铠萁 / 初心如磐，笃行致远

2021 年刘铠萁在首都体育学院进行训练

篮球是我生命中的灵魂乐章。

——刘铠萁

刘铠萁，1995 年 1 月生，吉林市人。从 13 岁起，刘铠萁就踏上了篮球的征程，15 岁时荣幸地进入国家队。

获得 2011 年亚洲青年男子篮球锦标赛冠军；2011 年土耳其世界男子篮球邀请赛冠军；2012 年全国男子篮球青年联赛第三名；2013 年全运会篮球比赛青年组第七名；2014 年北京高等院校篮球联赛冠军。刘铠萁表面看起来一切顺利，但他并非拥有篮球天赋的选手，他的一切成功归功于曾经的辛勤努力和坚持。然而，伤痛却迫使刘铠萁在理想和现实之间作出艰难的选择。初心如磐，笃行致远，这正是老教练在刘铠萁初次接触篮球训练时传授给刘铠萁的至关重要的感悟。当时刘铠萁年幼，对这句话的含义并不十分理解，直至回首往事，才明白这颗初心，犹如坚不可摧的磐石，一直激励着刘铠萁对篮球的深深热爱，最终成就了今天的自己。

童年篮球梦，职业之路启程

刘铠萁篮球之旅的起点，可追溯至刘铠萁六年级的时候。那个时候，刘铠萁对篮球产生了浓厚的兴趣，但与大多数人一样，并未想到篮球会变成未来的职业。直到初中阶段，刘铠萁正式深入篮球领域，那时他只有13岁。当时学校就有篮球俱乐部来选拔队员，就这么一个契机，在学校举办的篮球俱乐部选拔过程中，刘铠萁正式迈入了篮球领域。

作为家里唯一的孩子，父母相对而言比较传统，一开始并未得到他们的全力支持。起初，他们认为体育这条路特别苦，担心刘铠萁难以承受。此外，由于家里亲戚中并无从事体育行业的人，他们担忧在未来就业方面无法给刘铠萁提供帮助。然而，随着时间的推移，父母逐渐理解并尊重了刘铠萁的个人意愿，支持刘铠萁继续追逐篮球梦想。

那个时候，刘铠萁对篮球充满了热爱，这份热爱至今未减。刘铠萁渴望通过篮球来证明自己，为家人创造更好的生活。这条篮球之路，对刘铠萁而言不仅是追逐梦想的旅程，更是为自己和家人争取更美好未来的奋斗历程。

打好基础的基石：张教练的恩泽

在刘铠萁的职业生涯中，有一位张教练，不仅是一个篮球教练，更是刘铠萁异常重要的人生导师。从刘铠萁年少时学会打篮球开始，张教练就以其独特而有效的教学方法引导着刘铠萁。无论是在刘铠萁进入广厦队还是国家队时，都深感张教练对刘铠萁未来训练的巨大帮助，这甚至超过其他教练的影响。

正如古人云："匠心独运，非同凡响。"张教练以其独到的匠心，在刘铠萁打球之初就为其奠定了坚实的基础。他的训练方法虽然显得有些枯燥乏味，但打基础如同铁杵磨成针，看似单调，却是一个刻苦耐劳的过程。这正是张教练用心灌注在刘铠萁每一次训练中，为刘铠萁创造的坚实的打球基石。

在张教练严格的训练下，刘铠萁在职业生涯中能够更快地适应高强度的训练和比赛。如同庄子所说："求木之长者，必固其根本；欲流之远者，必浚其泉源。"张教练早期的严格训练就如同深深埋下的根基，为刘铠萁未来的成就奠定了坚实的基础。这种求木之长的精神，正是刘铠萁在每场比赛前、中、后不断追求的目标。

刘铠萁的日常生活被训练包围，比赛前、中、后，时时刻刻都有不同形式的训练。每一天都在不断地训练中度过，有时候一年都在进行比赛，休息的时间基本都用于精进技艺。但就算假期很短，甚至过年无法回家，也要在这严苛的环境中磨炼坚韧的心。这是在张教练的训练中获得的，也是刘铠萁在职业生涯中铭记的一段刻苦努力的岁月。

张教练的训练让刘铠萁深刻领悟到，成功不仅需要才华横溢，更需要在勤奋中坚持不懈。在刘铠萁篮球之路的每一步，张教练都是刘铠萁不可或缺的指导者，他的教导如同陶渊明笔下的那把犁，开垦着刘铠萁篮球生涯的田地，培育着刘铠萁成功的希望。

2010 年刘铠萁在土耳其参加比赛

终究，张教练的悉心培养让刘铠萁在篮球场上绽放光芒，为梦想坚定前行。在这段旅程中，刘铠萁学到的不仅是篮球技艺，更是坚韧不拔的精神。张教练，是刘铠萁人生旅途中的引路人，他的教诲将永远铭刻在刘铠萁篮球梦想的每一分每一秒。

赛场征程，绘就职业辉煌

少年时光的奋斗，在刘铠萁篮球生涯的黎明时刻揭开了序幕。短短一两年的时间，刘铠萁踏入了浙江广厦队的阵营，而这段岁月在母队的训练场上度过，每一天都如同一场考验。穿梭在训练和职业比赛之间，一场结束后，短暂的休息期便被再次填满，而这所谓的休息时间实质上也是另一轮训练。2011 年，国家队要在全国所有优秀的职业球员中挑选出 12 名球员。那种淘汰赛制是非常残酷的。这标志着刘铠萁要从全国众多优秀的职业球员中脱颖而出，成为代表国家队的 12 名球员之一。在如同淘金一般的选拔过程中，刘铠萁很幸运地脱颖而出，同年更是与队友们一同夺得了冠军。那时的刘铠萁，年方 16 岁，尚是一个稚嫩的少年，但对于这份成绩，他没有过于激动。刘铠萁只知道打好球，为教练、为国家争光，这是刘铠萁当时唯一关心的目标。自那时起，篮球已悄然融入刘铠萁的生命，不再只是一项爱好，更是被刘铠萁默默视为一份职业、一份工作。每一天都被训练填充，成绩的取得并未在刘铠萁内心掀起太大的波澜。对刘铠萁而言，比赛和训练已经融为生活的一部分，甚至在早晚不可分辨的黑夜中，刘铠萁仍奋力训练。无论是国际赛还是国内赛，生活的节奏如潮水般不停涌来。

从土耳其归来，刘铠萁的篮球生涯逐渐走向鼎盛。2012年，在全国男子篮球青年联赛中刘铠萁所在的球队获得第三名，而在2013年的全运会篮球比赛青年组中，刘铠萁则跻身第七。这一系列比赛给予刘铠萁巨大的助力。因为刘铠萁并非天赋异禀，相反，刘铠萁必须在场上灵活运用脑力，这让刘铠萁从国际赛中开阔了视野。学会何时如何处理球，学会在大比分落后时如何为球队作出贡献，自己与国际球员的差距有多远，这一切使刘铠萁在国内的训练中更加有针对性、更有深度。一场球打完了，要去总结和思考，让自己变得更好。

然而，在当时，刘铠萁对于那个冠军并未给予过分重视，因为刘铠萁一直相信，做好自己分内事最为重要。为球队付出，为自己在场上的工作尽心尽力，这对刘铠萁而言就是最好的诠释。如今回首，刘铠萁深刻地意识到，那些经历对于自己的人生道路，有着重大而深远的意义。

2010年刘铠萁在墨尔本

坚持不懈，从伤痛中谱写新的篇章

刘铠萁的篮球生涯，每一步都是执着的脚印，每一次挥洒都是汗水的交响。是篮球成就了刘铠萁，也使刘铠萁深深热爱着这项运动。刘铠萁心怀坚定的信念，从未想过要轻易放弃，可伤痛却让这段旋律难以逾越。刘铠萁很享受曾经在篮球场挥洒汗水的时刻，但从那以后刘铠萁在痛楚中徘徊，不得不面对新的抉择。

从职业生涯的起点，刘铠萁就心怀着进入高校的梦想。然而，伤痛带给刘铠萁的打击极为沉重。面对抉择，刘铠萁左右为难，一边是继续打职业赛的激情，另一边则是来自现实的重压。伤痛，像一把无形的枷锁，阻碍着刘铠萁进行高强度训练和激烈比赛的脚步。因此，来到首都体育学院，也算是刘铠萁对自己篮球生涯的一次审视和选择。刘铠萁选择远离那个充满激情与汗水的球场，投身于教学工作。

如今回首，内心无疑充满些许的遗憾。如果当初刘铠萁能够坚持打职业赛，也许能够拥有更多为国争光的机会。然而，生活就是这样，充满了未知的曲折和挑战。刘铠萁的选择，或许不是最完美的，但却是当时最为明智的。在这段看似低谷的生涯中，刘铠萁从教学工作中发现了篮球另一种奇妙的存在，那是一种传承和分享的快乐，一种在场下却同样激情燃烧的体验。

或许，生命需要有所舍弃，才能迎来更丰富的可能性。伤痛固然是一次生命的折磨，但在遭遇挫折的瞬间，刘铠萁也从中汲取了坚韧与坚持的力量。这段曲折而沉重的征程，虽然放弃了，却也让刘铠萁收获了更多。这或许就是人生的真谛，无论何时何地，选择都伴随着一些遗憾，但在遗憾之后，仍然能够在新的领域找到属于自己的篮球徽章。

从球员到老师，人生再出发

时光匆匆流转，自初踏入首都体育学院，如今已是 5 年。初授课时，刘铠萁面对着新的教案、教学方法，与既有的先例存在出入，思索如何将更优异的教学方式传授给学生。如今，刘铠萁兼职首都体育学院篮球队教练，职责更重了。

曾经辉煌的首体篮球队因为一些因素，一度成绩不佳。如今，刘铠萁不仅需要建立球队，还要重新培养默契、进行训练、备战比赛。刘铠萁担任校队教练已有 3 年，心愿是让这群年轻球员能够参与更多的比赛，同时把经验传授给他们。平日里，刘铠萁积极与学生沟通，注重统筹考虑，以期每位球员都能打出好成绩。这种平等对待的理念不仅有助于球队内部的发展，也是刘铠萁对教学和比赛的态度。球场上，刘铠萁保持着严谨的训练态度，对每一位球员都一视同仁。他不会偏袒任何一个球员，也不会放弃任何一个球员。刘铠萁全力以赴，努力让每一位球员真正成长，学到东西。无论是未来打职业赛还是投身篮球相关领域，刘铠萁期望这些球员能够减少一些坎坷。

来到首都体育学院，刘铠萁欣慰地发现，这里的学生在身高、条件、身体素质等方面都有差异，但他们对篮球的热爱却是共同的。这群学生训练时认真刻苦，让刘铠萁看到了他们对篮球的真挚热情。

2021 年在济南带队参加全国体育院校篮球联赛

这不禁勾起了他的记忆，刘铠萁想对现在的年轻人说："对于你们而言，保持最初的那份热忱至关重要。热爱是抵挡问题和挫折的重要力量。无论将来奔赴何方，希望你们依旧能够怀揣热忱，迎风而行，奔赴山海。"

（本文由学生记者周志伟采写整理）

郭修兰 / 冠军“兰姐”是怎样炼成的

郭修兰退役后，坚持业余打排球

冠军在我的世界里就很平常，因为从开始到最后，我都不是很注重结果。当你不注重结果，只是去努力的时候，反而很多事情自然而然就有好结果。

——郭修兰

郭修兰，1987 年 2 月 28 日出生于山东省潍坊市昌邑市，是中国为数不多的学生运动员、排球国家级健将，首都体育学院体育教育与训练学院排球教研室教师，现任排球教研室党支部书记。

郭修兰高中就读于山东省昌邑市第一中学，曾多次获山东省中学生排球冠军，2004 年全国中学生排球锦标赛冠军，同年代表中国获亚洲中学生锦标赛女子排球亚军，个人“最佳拦网”单项奖。本硕就读于北京航空航天大学，为北航女排副攻，就读期间连续获北京市高校排球甲组冠军，2006—2009 年获得全国大学生排球联赛三连冠，2012 年获第九届全国大运会女子排球亚军、个人“体育道德风尚”单项奖等。

县队和国家队相抗衡

出于身高的优势，从小学三年级到初二，排球教练一直有意愿把郭修兰选到县级女排队里，“但当时我的学习成绩在我们班是前三名，加上家庭条件比较艰苦，很难供得起我学体育”。在郭修兰童年时期，父亲外出打工，10岁的她在放学之后承担起了家庭责任——独自照顾弟弟，帮家里做家务。因此，在20世纪八九十年代，对于生活在农村的人们来说，让孩子未来走职业体育道路是从未有过的想法。

直至初中，郭修兰才与排球结缘。郭修兰从小就计划着考一个国内的顶尖高校，“但是以我当时成绩，还是跟985、211高校存在一定的差距，所以我在想要不要高中时练上几年排球，以高水平运动员的身份考出去”。综合考量后，郭修兰抱着这样的想法进入了县级女排队。入队后的郭修兰在排球上的可塑性给了教练很大的惊喜，她日常的刻苦训练和极高的悟性，一下缩短了排球基本功学习时长。“由于我练习排球比较晚，如果想站到

2004年，郭修兰所在的昌邑市高级中学女子排球队在亚洲中学生锦标赛夺得亚军

赛场上，别人用5年学的基本功，我需要努力练习，用2年的时间去追赶，虽然整体技术上粗糙一点，但是我很快就打上了主力。”慢慢地，郭修兰和县级女排队打出了山东省，打出了北京市，代表中国站在了国际的竞技场上。

“当时我们只是一个小县城的女排队伍，还不是任何的省队，就是连个市体校都不算。”2004年，在澳门举办的亚洲中学生锦标赛上，郭修兰所在的昌邑市高级中学女子排球队对阵泰国国家女子排球队。一个县队和国家队相抗衡，过程异常艰难，“他们打得也非常艰苦，我们还拿下了一局。”最终，昌邑女排“扛”到了亚军，惜败泰国队。但不难看出，有勇气对阵国家队，敢打敢拼、不畏强敌，并且做到了稳定发挥，意味着这是一支黑马球队，扣球拦网跳发球，一招一式无不显现出这支队伍的实力。

尽管是亚军，尽管只是一名学生运动员，郭修兰在比赛中的出色表现为她赢得了个人“最佳拦网”单项奖。“能穿着带有国旗的衣服，代表中国站到国际最高的领奖台上，念到‘中国，China’的时候，我心潮澎湃、无比光荣。”当切身体验过、感受过之后，郭修兰发现原来排球也有很多种可能，虽然没有选择进入职业队，但是能够以学生运动员身份为祖国争光也感觉没有遗憾了。从那个时候开始，她真正爱上了排球这项运动。

2004年，郭修兰在亚洲中学生锦标赛中荣获个人“最佳拦网”单项奖

反复淬炼，百炼成钢

反复淬炼才能百炼成钢，竞技场上没有一蹴而就的胜利。郭修兰的冠军经历贯穿了她从高中、本科到研究生，究其原因，还是靠“吃苦”练习。

昌邑市高级中学女子排球队获全国冠军合影

2012 年，北京航空航天大学女子排球队获第九届全国大运会女子排球亚军

论吃苦，郭修兰在高中阶段吃的苦是最多的。作为学生运动员，她除了花大量时间训练，还要保证学业成绩。如何平衡学习和训练，是郭修兰加入女子排球队后的第一课，“每天早上5点出早操，然后去学校上课到下午3点，下午3点到7点进行训练，每周6天重复。遇上比赛基本没有休息的时间。”因此，每周日的休息对于郭修兰来讲，格外珍贵。

简陋的训练环境、高强度的训练、学校与训练场馆的奔波……让郭修兰感受到了不易，“当时我们没有固定的场馆训练，而且我们租赁的是一个校外的场馆，馆里四处漏风漏雨”。郭修兰在时隔 20 年后回想起这段往事时还记忆深刻。但对于刚刚入队的郭修兰来说，面对如此恶劣的训练环境，她却格外能吃苦。比同龄队友晚入队的她在柔韧性上要差一些，扣球使不上劲，于是她每天比队友们多了一项痛苦的训练内容：长时间悬挂在训练架上或肩上扛着大重量的长凳，“我们训练条件很朴素，没有什么好的训练器械，我每次开肩都是心惊胆战地开始，然后痛哭着完成。”当时的场景，郭修兰还历历在目，成功地开肩，也就让她在每次扣球挥臂时越来越流畅。“这一切的辛苦都值得。”郭修兰感叹。

高中时期的刻苦训练和文化课成绩助力，郭修兰被一路保送至北京航空航天大学继续深造。在大学期间，郭修兰在北航高水平运动队继续打比赛，2006—2009年获得全国大学生排球联赛三连冠；2012年，获第九届全国大运会女子排球亚军；在校期间，一直保持着北京市高校排球甲组比赛冠军的成绩。“冠军在我的世界里很平常，因为从开始到最后，我都不是很注重结果。当你不注重结果的时候，反而很多事情你只要努力，自然而然就有好结果。”拿到冠军没有捷径，在郭修兰这个“平常”冠军的背后，是她付出的比别人更多的汗水。

大学期间赛场上进攻

北京航空航天大学作为全国高校唯一一所同时拥有男女排两支队伍参加全国最高水平联赛的学校，其队员也必定是各省区市排球的精英。进入大学后，郭修兰体会到了强大的落差，“她们练的时候我在练，她们练完了我还在练，但是我就是打不上主力。也不是我的水平差，是因为我还不适应这个队伍，而且我的技战术还有些不够成熟”。最开始那段时间，郭修兰很不适应，在训练和学习之余时常哭，心里的情绪不知如何排解。竞技场上没有常胜将军，郭修兰明白这一点，所以她没有放弃自己的女排梦，在调整自己的同时，在训练上也毫不松懈。寒暑假一直奋力备战各种排球联赛，有两三年没有和家人一同过年。时光不负有心人，付出才会有回报，台下练的“十年功”被教练看到了，从县级女排主力打到北航女排主力，郭修兰花了将近3年的时间。

就此告别，此情可待成追忆

2014年，全国女排甲级联赛B组，郭修兰完成了自己在学生运动员生涯的“最后一舞”。此役以老队员身份上场的她，由于长期以来的伤病，上场时间并不多，但站在场上，郭修兰就算郑重地与10多年的光辉岁月挥手作别了。

在北航女排打比赛的7年间，她的出色表现，教练、队友都看在眼里，伤病也是在这时找上门。

随着时间推移，郭修兰身上绑的护具越来越多，“受伤程度怎么看？就看你腿上开始绑的东西越来越多”。从高中经常跪地防守只戴一个护膝、到经常崴脚开始加固护踝、再到上护腿支撑，然后到护腕护肘护腰。护具变多了，也会增加比赛发挥的难度。“但我必须打，因为这是集体荣誉，所以我们像崴脚、挫伤是家常便饭，它不能算是伤，只算一个常见的损伤。”郭修兰说。

在历史上，中国女排屡次在困难时刻逆袭取胜，她们用自己的实际行动诠释了“团结就是力量”的真谛。在采访中，郭修兰多次无意识地提到“集体”这个字眼，站到场上全身心投入打球的郭修兰可以做到忘掉伤病，“代表国家、省市、学校打球，无论代表哪，只要不是代表我自己”。排球是一个集体荣誉感特别强的项目，尤其考验团队协作能力，从小到大她总是习惯性地先想集体，再想个人。

在最后一场比赛中，由于伤病比较多，郭修兰减少了自己的上场时间，站在场边为队友加油打气。“只要你站在那儿就可以，因为这是一种精神的象征，你有稳定军心的作用，大家都觉得踏实！”教练对郭修兰说。但作为学生运动员生涯的最后一场比赛，郭修兰也有些遗憾，谈到这，她的眼圈泛红，“遗憾的原因是因为我不能再代表学校，不能再以学生的身份，也不会再有这么多的队友去参加各种比赛……”

冬奥保障：从“小白”到“大管家”

2021 年 9 月，郭修兰被借调到北京冬奥组委运动会服务部住宿处，并被指定为区域经理参加“相约北京”测试赛及 2022 年北京冬奥会住宿服务保障工作。作为利益相关方区域经理，郭修兰有一个艰难的任务——统筹管理酒店和酒店里面的所有人。

3 名志愿者、100 多名酒店方工作人员、70 多名属地政府工作人员……近 300 人的团队服务国际单项体育联合会的官员、新闻媒体工作者和各国转播商共 146 名。加上疫情防控的需要，测试赛与冬奥会参赛人员及工作人员需要全程遵循“场馆—酒店”两点一线的闭环管理，这使得在闭环管理下的住宿保障工作迎来了前所未有的困难与挑战，这给还是保障“小白”的郭修兰带来了不小的压力。

冬奥会期间，郭修兰与团队同事合影

“当时酒店里出现了第一

例阳性，我们处理了24个小时，几乎是连轴转，能闭眼休息的时候赶紧闭一下眼，没有日夜。”冬奥会住宿保障工作任务重、环节多、难度极大，但郭修兰还是选择迎难而上，慢慢地蜕变成了“大管家”。客人入住酒店之前，郭修兰提前了解国外涉奥人员的住宿需求，快速熟悉接待的各项服务规范，努力学习各相关领域和部门的沟通技巧；客人入住后，她每天都会拢需求、汇供给、制标准、抓落实，不遗余力地为利益相关方提供优良的住宿环境，因为涉及业务众多，她需要同时服务10多个工作群，180个日日夜夜，她从来不敢放下手机，连吃饭都要关注群消息，及时为大家答疑解惑。

冬奥会闭环管理前的紧张工作

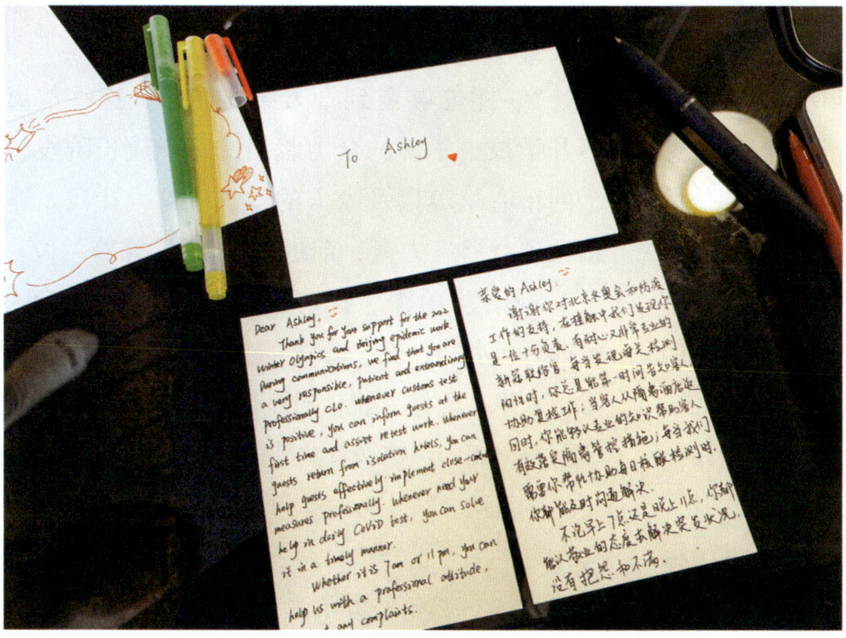

郭修兰和团队同事为外籍客人手写的感谢信

山和山不相遇，人和人会相逢，在百年不遇的疫情之下办大赛，见证了中国人民面对重大危机的不屈品格，折射出中国推动构建人类命运共同体的价值追求。郭修兰作为北京冬奥会的一份子，深知自己代表的是中国形象，讲的是中国故事，传播的是中国文化。在保障期间，有一位哈萨克斯坦客人由于各种原因无法去场馆参加工作，直到离境都抱有遗憾。因为客人经费匮乏，郭修兰连续多次向北京冬奥组委寻求帮助，为其申请到了免费的离境机场专车，与保障组工作人员沟通将组内有限的物资送给这位客人，协调酒店为其准备了中华优秀传统文化礼品。此外，她和团队的保障人员一起用中文和哈萨克语书写了一封感谢信，向他表达了真切的祝福，像这样的工作她还做了很多很多……外籍客人们竖起大拇指说的一句句“Amazing”和并不标准的“谢谢”，对她来说就是最好的祝福！

2022年北京冬奥会期间，

郭修兰圆满完成了100多位利益相关方代表的集结任务，保证了146名客人顺利入境和离境。最终，郭修兰所在服务保障团队获得了中共中央、国务院颁发的“突出贡献集体”，本人获冬奥组委颁发的“服务保障贡献个人”。

和家人互相“欺骗”

“妈，我这边没啥事儿，就是春节不能回去一起过了。”

“行，你保护好自己，我这边也都挺好的！”

这是郭修兰在冬奥会闭环工作期间和母亲互相“欺骗”的谎言。其实，高强度连轴转的工作，使郭修兰在冬奥会保障期间瘦了20多斤。

2022年的新冠疫情仍然严峻复杂，郭修兰作为“大管家”，主动承担责任，服务好客人，保障所有服务人员的安全。一切工作向前运行的背后，有着所有工作人员和家人的默默支持。

“那个时候疫情非常严峻，春节期间做着危险的工作不能回家过年，我知道我妈妈肯定是担心的，也是难受的。”郭修兰坦言。由于此前学生生涯备战联赛的经历，郭修兰已经数不清第几次没能和家人一同过春节了，但这次却是最特别的。当谈起2022年这个特别的春节时，郭修兰的眼眶一下子就红了，她哽咽道，“我们当时想法就是没关系，我们在一起就是过年。只要外面的人民群众是安全的，冬奥会能如期举行，让世界看到中国的强大，并且相信我们能在新冠疫情全球持续蔓延的大背景下把冬奥赛事办好，我们的付出一切都值得！”1月31日，2022年除夕，和往常一样，郭修兰和团队里每名工作人员在不同的岗位待命，处理着不同的问题……

冬奥会保障期间，郭修兰也不忘与母亲保持着每日通话，但她不知道的是，母亲当时生了病，并没有告诉她。“闭环结束之后，才知道我妈突发脑梗住院了”，郭修兰说。在闭环隔离结束后，郭修兰将母亲从山东老家接到北京，一边给学生上网课一边陪着母亲去医院治疗。

冬奥会服务保障的经历对郭修兰来说弥足珍贵。2022年是十分艰难的一年，但同样也是郭修兰飞速成长的一年。这一年，她收获了学校的关心、冬奥时期的“战斗”友谊，遇到任何困难的时候不会慌乱，内心越来越强大，母亲在她的照料下变得越来越好。

相亲相爱的一家人，在冬奥时期互相“欺骗”。爱与使命，牵挂和亲情，让他们对彼此编造了100多天的“谎言”。体育就是有一种独特力量，从奥林匹克格言加入“更团结”，到北京冬奥会和冬残奥会主题口号“一起向未来”。

“一路能够走到今天绝非偶然，这些都离不开学校、学院的全力栽培，每个成长阶段教练的精心培养以及家人的理解支持，让我始终感觉到身后有力量，前进有底气。”郭修兰说。

“幽兰生山谷，本自无人知”，为团队、为国家挥洒汗水的日子，郭修兰感到无比踏实和安心。对于未来，郭修兰说，对排球的热爱，一生都无法割舍。如今，她乘着女排精神之风，继续前行。

（本文由学生记者褚晓蒙采写整理）

陈丹 / 冰雪征程，初心闪耀

2022 年在央视担任北京冬奥会花样滑冰项目解说嘉宾

舞动人生的每一刻，哪怕是在冰封的寒风中，都是值得的。

——陈丹

陈丹，女，1983 年出生，2003 年 4 月加入中国共产党。2018 年 4 月作为高层次人才被引进首都体育学院工作，现任冰雪运动学院冰雪运动教研室教师。

陈丹从小立志在花样滑冰赛场为祖国赢得荣誉，1996 年荣获全国亚军。1997 年和 1998 年连续两年在白头山杯国际花样滑冰比赛中摘得铜牌。2010 年温哥华冬奥会，是她与团队为之奋斗的巅峰时刻。在这个属于冰雪运动的盛会上，她带领队员参加国际比赛，备战 3 届冬奥会，成功打破了花样滑冰一直由欧美垄断的局面，实现了花样滑冰奥运金牌的“零”的突破。在后来的教育教学工作中，陈丹老师严谨求实，勤奋刻苦，甘于奉献，在平凡的岗位上践行初心使命，2022 年被评为首都体育学院优秀党员。

冰雪十年，砥砺为国：运动员之路，为冬奥燃起辉煌

陈丹是我国杰出的花样滑冰运动员。花样滑冰的魅力早在她3岁时就深深吸引了她，而在13岁时，她更是凭借出色的技艺跻身国家队，1997年和1998年连续两年在白头山杯国际花样滑冰比赛中摘得铜牌。她的才华和努力为祖国争得了无数荣誉，成为我国优秀的花样滑冰代表之一。然而，在她追逐更高难度动作的过程中，命运对她开了一次残酷的玩笑，右脚跟骨患上了疲劳性骨折。面对这个严重的伤势，一般人或许选择休养生息，但陈丹却选择了顽强不屈。即便在比赛时疼痛难忍，她依旧咬紧牙关，毫不畏惧地完成比赛。这一幕，是中国青年顽强不屈的典范，是为国奉献真挚精神的最佳体现。

2022年北京冬奥会在央视担任嘉宾解说

更让人敬佩的是，她不仅在国内比赛中崭露头角，更是多次代表国家走向国际赛场，用实际行动证明了中国的冰雪运动水平不输于世界任何一个国家。回首这十几年，她的脚步在冰场上留下深深的印记，每一个转体都是对年少时梦想的追求，每一次跃动都是对坚持的回应。在她的身上，我们看到了中国青年的勇敢与坚韧，看到了为国家而拼搏的真挚情感。

冰雪岁月，教与砺：身份转换，冬奥道路的新征程

2015年成功申办北京冬奥会后，国家体育总局计划选派20名体育工作者赴加拿大进行为期3个月的深造，为冬奥会竞赛组织培养人才。陈丹在加拿大深造期间，她亲身感受了国际一流赛事的运作机制，也看到了我国与冰雪强国之间的差距。我国从事冰雪运动的专业运动员比较匮乏，组织冰雪比赛的官员、裁判员、技术人员更是寥寥无几。通常一届冬奥会需要几千名裁判员、技术官员，而2015年我国裁判员和技术人员加在一起才不过二三百人。陈丹那时暗暗下了决心，中国哪里需要就去哪里，哪方面是空白就去填补，她突破语言关，通过现场比赛提升自己现场执裁能力。功夫不负有心人，陈丹考取了花样滑冰国际滑联级裁判员和国际级技术监督。

她带领队员备战3届冬奥会，与整个团队一同克服重重困难，成功打破了花样滑冰一直由欧美垄断的局面，实现了花样滑冰奥运金牌的“零”的突破。她们的努力和拼搏，为后来者树立了榜样，为中国冰雪运动事业开创了新的篇章。

三尺讲台，教学心愿：助力冬奥竞技的前沿追求

2018年陈丹放弃国家体育总局冬季运动管理中心滑雪部副处长的职务，来到首都体育学院冰雪运动学院冰雪运动教研室当了一名大学教师。陈丹深知教育是一片肥沃的土地，而首都体育学院是培育未来冰雪精英的沃土。这是她为中国冰雪运动继续传承火炬、为冰雪事业注入新鲜血液的机遇。

从领队到老师，角色转换让陈丹也困惑过。如何在教学中展示冰雪的魅力，让学生感受并快速喜欢冰雪，快速为2022年北京冬奥会服务，经过和学生们交朋友、谈理想，倾听学生心声，很快陈丹就找到了学生们最喜欢的沉浸式教学方法：让学生了解我国冰雪运动的发展历程；学习几代冰雪人坚韧不拔的品质；通过生动故事和比赛录像让学生感受老一代冰雪人的付出；让学生们深刻体会振奋、欢呼和落泪。在滑冰课上个别学生身材体重超高超重，穿上冰鞋后就开始抗拒，陈老师并没有指责他们，而是想办法让他们战胜恐惧，每人发一把椅子，一个人坐在上面，另外一名同学推着，这样既有趣味性也增加了推椅子同学的稳定性，让同学们很快实现在冰面上站立。诸如此类的办法还有很多。陈老师用自己的方式让学生们在实践课上体验冰上运动的速度和唯美，把世界冠军邀请到课堂上和同学分享奥运精神，这些都让学生们兴奋不已，每次都期盼晚点下课，多滑一会儿。同学们从最开始的不敢上冰，到在冰面上自由翱翔，更有一部分还通过了国家花样滑冰技术等级的考试和裁判会员资格，现在活跃在冰雪教育领域，并成为北京市中小学骨干体育老师，丰富着中小学的体育课程。

在科研领域的探索中，陈丹积极投入，为冰雪运动的推广和发展作出了杰出的贡献。她不仅领导团队编写了冰雪运动进校园教材，还深入研究了大众参与冰雪运动的方法，并致力于制订冰雪俱乐部管理规范标准，同时在人工智能与冬季运动项目结合的技术研发方面开展创新性的工作。

在过去的几年里，陈丹不仅主持了北京市青年骨干个人项目，还积极参与了国家社会科学基金项目和国家重点研发项目。她以第一作者身份发表了4篇期刊论文，同时在国际学术会议上呈现了2篇论文，展现了她在学术领域的深厚造诣。此外，她担任了5部著作的主编，参与了2部著作的编撰，带领学生参与了2项大学生创新创业项目，共同研发了2项专利。

2022 年带领中小学生了解冰雪运动

冰雪如春，启迪智慧：身份蜕变，为学子描绘未来画卷

在教学与科研的广袤领域里，陈丹不仅凭借卓越的学术成就引人注目，更是那位在学生成长道路上细心耕耘、为青年学子铺路搭桥的热心导师。她心怀爱心、耐心、责任心。对于陈丹而言，育人并非单单是传授知识，更在于辅助青年学子在人生征途上茁壮成长。

作为本科生导师，她不仅关心学生的学业，更是注重了解他们的生活状态。对于那些家境困难的学子，陈丹主动伸出援手，用业余时间进行专业课的辅导，坚守着“授人以鱼不如授人以渔”的原则，使学生能够运用专业技能在校外兼职，充实生活来源，顺利完成学业。有些学生因为专业需要，必修冰雪课，但由于经济原因无法购买适合的冰鞋。在这个时候，陈丹老师为了鼓励学生，会亲自购买冰鞋解决器材问题。为了让学生在等级考试时更加从容，她不辞辛劳地利用周末陪同学生参加考试。她首先是学生的朋友，然后才是老师。中午的食堂常常可以看到她和学生们围坐在一起用餐，这并非偶然，而是为了拉近与学生的距离，真切地倾听他们的心声。

在陈丹的教导下，学生们不仅得以汲取专业知识，更在她的关心下找到人生的方向和动力。她的悉心指导不仅停留在课堂之内，更延伸到生活的方方面面。她用心去感知学生的困惑，耐心地解答疑惑，为他们创造更好的发展机会。陈丹的教育理念不仅仅是传授学科知识，更是培养学生全面发展的人生观，为他们铺设通往成功的道路。她的导师之道，不仅是知识的传递，更是心灵的呵护。

主播换场，主播之彩：为北京冬奥激情奏响

除了老师这个身份，陈丹还是一名花样滑冰 ISU（国际滑冰联盟）级别的裁判员。冬奥会资格赛期间正是新冠疫情最严重的 2021 年，比赛的地点是当时疫情暴发最严重的欧洲国家瑞典，当国际滑冰联盟指派陈丹去执裁时，在面临感染和无法回国的情况下她没有犹豫地作出了选择，因为她知道这个比赛对中国队获得冬奥会入场券是多么的重要。在 2021 年和 2022 年期间，她先后被隔离 3 次，一边完成国家使命，一边在隔离处为学生上网课。

自 2018 年踏入首都体育学院，陈丹在冬奥服务宣传的征程上涉足无数，她常常挂帅首体，走向中央电视台等国家媒体，为冬奥会奋发宣讲和普及冰雪知识。在冬奥会筹备阶段，她亲自指导学生志愿者，在冰面培训中传授技艺，使他们成功成为冬奥会冰面补冰员，站在冬奥会的最前线，圆满完成补冰任务，获得中外技术官员的一致好评。

“志愿服务，充满爱心，付出的每一份努力都会为冰雪事业增光。”这是陈丹对志愿服务的理念，也是她从事冬奥宣传工作的动力源泉。她早已悟到，只有在服务中燃烧爱心，努力付出，才能让冰雪运动在更广阔的舞台上辉煌绽放。

陈丹以专业娴熟的解说技艺，成为冬奥会花样滑冰项目唯一的解说嘉宾，与每一场比赛磨砺着自己的专业素养。在冬奥会前期，她面对高强度的工作和特殊的疫情挑战，义无反顾地走向工作第一线。如翩翩起舞的花样滑冰选手，她优雅地在解说席上展现专业精湛的解读，引领观众进入冬季项目的奇妙世界。她的言辞让运动文化淋漓尽致地呈现，既客观又富有激情。在解说中国双人滑选手韩聪和隋文静获得金牌的那场比赛中，她的评价不仅客观、专业、理性，更是充满激情，观众们如潮的赞誉见证了她在舞台上的耀眼光芒。

在这个冬奥之夜，陈丹成为业内的明星，她的热度甚至冲上了百度热搜榜的第 4 名。而这一切的收获，并不仅仅体现在观众们的认可上，更得到了中国花样滑冰协会颁发的突出贡献奖和中央电视总台的感谢信。这些荣誉，犹如她飞舞的冰花，在她人生的舞台上绽放璀璨的光辉。

“四有好老师”是陈丹一直以来的原则和标准。她相信，有理想信念、有道德情操、有扎实学识、有仁爱之心的好老师，才能够成就

学生的全面发展。教书育人，是她心之所向。在冰雪事业中贡献自己的一份力量，成为青年学子成长道路上的引路人，是她最大的光荣。选择成为一名普通教师，陈丹感到非常光荣，她将持续为冰雪事业贡献力量，为学子们点燃前行的梦想之灯，将人生的奋斗之旗插满冰雪的沃野。

（本文由学生记者周志伟采写整理）

丁传伟 / 峰顶永在下一刻

首都体育学院武术与表演学院院长
丁传伟

人的潜能在于终身学习。

——丁传伟

丁传伟，1978年9月生，山东省济宁市梁山县人，中共党员，教授，博士生导师，第十七届北京市高等学校教学名师，北京市青年英才，全国武术冠军，运动健将，国际级裁判员，北京市高校优秀本科育人团队负责人，国家级一流专业建设点负责人，现任首都体育学院武术与表演学院院长。受聘中国体育科学武术分会委员、民族传统体育委员会常务理事、《中华武术》（学术版）编委会委员、北京市武术运动协会监事长、教育部学位中心通讯评审专家、土耳其国家武术队主教练、日本横滨山手中华学校专家教师。

一定要有一身好功夫

水泊梁山，自古以来就是英雄好汉风云际会之所在，尚武之风千年不息，历经世事变迁一直传承至今。丁传伟便生长在这里。“喝了梁山水，都会伸伸胳膊踢踢腿”。正是在这样浓烈的武术氛围当中，丁传伟自小同爷爷和父亲学习梅花拳。“村子里大家都学，不学好功夫怎么保护家人？”提到童年，丁传伟想到的是裤脚扫过土地升腾起的烟尘，是拿着扫把、铁锹当大刀要的比试，是年节各村镇擂台上的锣鼓和欢呼，桩桩件件都离不开一个“武”字。

与习武相伴的童年看似艰辛和劳累，但却已然是丁传伟最无忧无虑的人生时光。十一二岁，丁传伟便赴梁山县武术运动学校进行系统的武术学习，伴随更规范、更完整的武术教学体系而来的是更大的训练量与更严格的管理。然而凭借着出色的身体素质和领悟能力，他顺理成章地被选入济宁市体校训练，“这样就可以参加省里的比赛了”。逐渐开阔的视野，逐渐纯熟的技艺，丁传伟本该在初中毕业时进入更高的学府继续深造，参加更有影响力的比赛，“（我）到初三的时候，就要上当时的中专了，但需要交一些费用。我记得当年那个物价水平，要交两万多块钱。我跟父母一商量，家里说把所有的房子都卖掉，也不可能给你拿出这些钱来。”

于是，本可以继续学习的丁传伟又回到了梁山武校，在十四五岁的年纪成为了一名武术教练。“我教的学生都比我大”，明明也是该接受教育的年纪，丁传伟却开始了他的执教生涯，“当时，一边教学生一边自己练，我教完学生，他们在前面练，我在后面练”。虽没能继续在学校学习，丁传伟却可以继续代表省市参加比赛，于是，边教边练成了少年生活的全部。后来，他辗转河北邯郸、山东青岛，执教的足迹一直在延伸，一身功夫却没有一天放下过。不仅如此，自从只身前往济宁以来，丁传伟靠打比赛、当教练维持生活，十几岁的少年“没问家里要过一分钱”。

1995 年丁传伟带领学生表演

恩师让我受益终生

机遇总是留给有准备的人。丁传伟终于迎来了人生的第一个转机，17 岁时他被选入武汉体育学院学习跆拳道。当时的他没多犹豫，揣着身上仅有的 1000 块钱奔赴武汉。“交完学费和旅馆住宿费，当时身上基本没钱了”，两周学习的第一周，丁传伟是靠馒头就白开水生生扛过去的。然而，也就在这两周，丁传伟遇见了改变他一生的人。

跆拳道训练馆的楼下就是武术馆，原本只是路过的丁传伟一时技痒，看到武术馆标准的地毯，一时没有忍住，当即做了几个武术动作，因为“小时候练武术都是在土地上水泥地上练的，很少在地毯上训练，感觉地毯和地板都有弹性，一下子跳起来特别高”。少年在场中恣意翻飞，对武学的热爱没有半点掩饰，这一切都被武术教练贾老师看在眼里。“你不要练跆拳道了，就跟我练武！”于是，过完黄河过长江，丁传伟留在了武汉，练回了本行。

说起贾老师，丁传伟饱含感激之情。“他发工资以后补贴家里面，自己留一点，剩下的都给我们。每个月 800 块钱，他拿出 200 块钱来给武术队买排骨，他说你们训练量大，必须吃好，让我们炖汤、喝骨头汤，一个月喝一次。”得遇良师，丁传伟开始了更为专业系统的练习，对武术的理解也逐渐深化。“越学武术，便越不想将武术用于对抗，止戈为武，它是让你变得更加强大的艺术。”

人生中最重要的一场比赛

谈及人生中最重要的比赛，丁传伟没有将更有知名度、更具含金量的大赛作为锚点，而是提起了全国青少年武术锦标赛。当时的丁传伟还不是武汉体育学院的正式学生，“拿到名额难上加难”，但为了证明自己的实力，更为了报答恩师的殷切期望，丁传伟拼了命地训练。“别人练 1 套，我一定练 10 套！”训练的艰辛不仅体现在刻苦上，武汉作为知名的“火炉”，炎夏的气温也可想而知。“当时的跑道都是炭渣的，我就在那里一圈一圈跑，脚底下全是泡。”终于，苦心孤诣的结果是苦尽甘来，丁传伟不仅拿到了参赛名额，还用自己的实际行动征服了所有质疑的声音。1 个全能冠军、4 个单项冠军，在那届比赛上，他创造了所有

1997 年丁传伟获得全国青少年武术锦标赛全能冠军

组别所有选手都无人能出其右的辉煌！“第一场比赛的时候还是比较紧张的，后来稳住了，冠军拿到了，第二场就不那么紧张了，变得很自如，很想展示自己，后来越比越自如，越比越自信，最后几场下来以后，整个人精神状态都变了，更加坚定了对武术的热爱。我当时就一个想法：一定要把武术作为自己毕生的事业！”

第一年，由于出色的成绩和恩师力荐，丁传伟通过“绿色通道”正式进入武汉体育学院学习，学费、赞助费全部免除。

换赛道与转型

大学第 3 年，丁传伟被全国著名武术教练吴彬看中，进入北京武术队，专攻全国大赛。然而，大赛当前，训练高难度动作导致的右脚骨折给丁传伟的运动员生涯蒙上了阴影。“当时真的很遗憾”，鲜衣怒马的少年本该在赛场上尽情展现自己，却因状态不佳早早地结束了自己的运动员生涯。

然而，塞翁失马，焉知非福。破后而立才是武学开悟的新境界。时值大学毕业，丁传伟被吴彬教练推荐来到了首都体育学院，成为建系刚满 1 年的民族传统体育系的一位教师。“现在回想起来，这是我人生的又一个转折点。”千帆过尽，这时的丁传伟终于与多年前选择成为教练的自己握手，但不同的是，从迫于无奈成为家乡的武术教练，到主动选择成为北京专业体育院校的武术教师，其间是荣誉与汗水的积

丁传伟在日本教授太极拳

累，是阅历与挫折的沉淀，是随着年月一起增长的对武术的拳拳热爱。“我想把我的一生所学，教给更多人。”

身处新的“赛道”，丁传伟拥有了更特别的使命：对外传播中国武术与中华文化。在首都体育学院刚开始任教的几年，丁传伟便带队赴德国、澳大利亚、新西兰进行武术表演。“当时在国外，就感觉武术发挥了很强的文化交流作用，是代表中国的一张名片。”之后，他又赴日本横滨山手中华学校进行为期两年的执教生涯。在那里，海外侨胞的子女对中华优秀传统文化内涵知之甚少，丁传伟没有过多说教，而是将一切融汇于武术教学之中，情景剧、游艺会，各种新教法新思想的运用，展现了武术精神的魅力，感召了华人对武术文化的认知。既让海外华人爱上武术，从而对祖国产生认同，又使他将一套更适合海外学生的教学思路带回了中国。

此后，丁传伟回到学校，对留学生进行教学。“我会40多个拳种，他们想学什么都可以。”不仅如此，丁传伟还赴土耳其国家队执教两年，“带出了土耳其国家队第一个世界锦标赛冠军，五六个青少年世界冠军，欧洲冠军就更多了。”丁传伟的执教足迹越来越广阔，但目光永远朝向祖国。拒绝了土耳其的盛情挽留和优厚待遇，他毅然回国，继续投身首都体育学院的工作。

丁传伟带领土耳其国家队取得世界冠军

学习不能放下

在首都体育学院，从教师到副教授，再到教授；从教研室主任到副院长，再到院长，丁传伟凭借的不仅是扎实的冠军成绩、丰富的教学经验，还有卓越的科研能力。“一个运动员出身的老师，39 岁评上教授，在很多人看来是不可思议的。”要知道教授意味着科研能力，而对一名没有系统学习过文化课的运动员而言，这恰恰是“转型”之后的一大难关，丁传伟也不例外。科研的道路从来没有捷径可走，凭借运动员那份韧劲，“那几年我每天会用 4 到 6 个小时去看武术相关的前沿论文和专著。当我持之以恒，看到第二年、第三年的时候，我突然发现这些原来都是通的，因为你看得多了，对知识的认知也就立体了”。打通“任督二脉”从来非一日之功，于练武如此，于学术更是如此。北京市高等教育教学成果一等奖、北京市高校教学名师、北京市高校优秀本科育人团队、首都体育学院武术与民族传统体育专业负责人、国际级裁判员……每一个头衔都不是丁传伟的终点，因为正如他所说，“学习是一辈子的事”。

武术教学中的丁传伟

做一颗种子

“中华武术永远是我们中华儿女值得骄傲与自豪的资本。国人习练武术，不但能强身健体，磨练意志，还能重温民族文化，凝聚民族精神，彰显民族之风骨。作为当代武术专业的大学生，一要自强，二要自信。一定要有责任、有能力、有担当，成为传承和传播中华武术的一颗‘种子’”，这是丁传伟对所有习武学生的期待。“要时刻记住，是武术让你有一席之地。在大学系统学习武术拳理和传统文化，对武术的认识和理解，和传统习练环境相比，现在的条件更好，责任也更大。因此每时每刻都要想着，我是一名武术文化的传播者和传承者……”

丁传伟以自己的成长和成才经历谱写了独属于自己的传奇故事。“你种在哪里，就要在哪里开花，就要把中国武术带给更多人。武术之花要开遍全中国、全世界。”丁传伟是一颗种子，从大江南北、长城内外，到东西大洋、天涯毗邻，他的脚步从未停止，花一直开，正如天地浩然，武道长存。

（本文由学生记者宋玚采写整理）

李雨 / 做自己人生的最佳注脚

李雨在训练场上

坚持是一种品格。

——李雨

李雨，1976年3月16日出生于黑龙江省齐齐哈尔市富拉尔基区，中国速度滑冰国家青年队原主教练、国家队中长距离组教练，曾代表国家参加第十八、十九、二十届冬奥会。

1997年3月，李雨获得第八届全运会速度滑冰比赛短距离全能第二名。1998年5月，荣获“大庆市十佳青年”称号。2000年，获“大庆市新长征突击手”称号。2001年3月与2005年10月，李雨在第九、第十届全运会速度滑冰比赛短距离全能项目中均获得第二名。2008年7月，被选为北京奥运会大庆站火炬手。2016年1月，在新疆第十三届全国冬运会速度滑冰比赛中，李雨执教的6名运动员共获得4枚金牌、3枚银牌、1枚铜牌，完成黑龙江省体育局党组两枚金牌的任务。2018年2月，李雨执教的运动员获平昌冬奥会女子团体追逐赛第五名。2018年3月，黑龙江省直属机关工作委员会评定李雨为“党建提升工程优秀党务工作者”。2018年5月，被国家体育总局授予“国家体育总局精英教练员”称号。随后，李雨荣获国际速度滑冰国际级运动健将等称号，任国家级速度滑冰教练员、首都体育学院教授。

六一儿童节是“冠军”比赛的开始

齐齐哈尔市富拉尔基区是速度滑冰项目人才辈出的地方，在这种氛围的熏陶下，李雨走上了速滑之路。

6岁那年的冠军是李雨“冠军之路”的开始。一次偶然的契机，他参加了学前班六一儿童节的跑步比赛。冠军的成绩不仅给了李雨极大的鼓励，更让他在众多孩童中被教练选中，自此与速度滑冰结缘。

被选中的那年假期，李雨的父亲正因打篮球受伤在外医治，得知要去进行专业训练，他强烈反对，这件事情就此搁置。有趣的是，开学后李雨的班主任恰恰是那位教练的爱人，他询问是否有一个叫李雨的学生，随后和班主任一起到李雨家中家访做客，老教练和李雨的父亲都爱好篮球，相谈甚欢，最终父亲同意了李雨的训练计划。

李雨在各个赛事中获得的奖牌

体育场离家只有200多米，那时的李雨下午2点放学后，就从学校直接到体育场训练，甚至本该嬉戏玩耍的寒暑假也几乎每天都在练习。从10月末开始，室外滑冰的日子苦多了。清晨和夜晚是冰面冻得最结实的时候，也是东北一天中最冷的时候。早上5点天蒙蒙亮，李雨就骑10公里到江边上冰。刚刚上冻的时候冰冻得很薄，即使身材瘦小，李雨也只敢在浅水区滑，因为队友就曾掉入刺骨的冰水。

黑夜里，250米的冰场上，只见探照灯照得冰面闪闪发亮，李雨常常哈着气一圈圈地滑，似乎不知疲倦。那时候的李雨并不知道什么是苦、累，只知道他非常热爱冰面上的时光。

这么瘦小的孩子，他能滑冰吗

10岁那年，业余体校来了一位毕业于哈尔滨体育学院的年轻大学生教练。理想、追求在这之前都是李雨从未想过的遥远词汇，而这位新教练的出现，给李雨埋下了冠军的种子。

老教练沿用一贯的训练方法，但由于学科飞速进展，老教练的手段难免单一、技术指导陈旧，年轻教练言传身教、身体力行，很快就让队员们接受了他的训练模式。李雨坦言，训练上的进步只是一部分，他培养出来的习惯更使人受益终生。

训练日记是年轻教练给队员们留下的固定任务，从任务到习惯，李雨坚持了30多年，直到现在仍然续写着周总结、月总结、年度总结，对于自己的学生也要求他们写自己的训练日记。一篇小小的日记，锻炼了李雨的表达能力，也记录着李雨每次在训练上、技术上、体能上的进步与挫折，他在自己记载的文本中不断刷新着自己的过去、憧憬着未来的成绩。

看似波澜不惊的日子持续到初中毕业，李雨站在十字路口，面临着读书与专业训练的抉择。困境与否定被层层包围，和身边的队员相比，李雨身体单薄、身材瘦小，似乎室外冰场的一阵大风都能将他吹倒在地。很多教练都认为李雨的发展空间不大，与理想中的专业队员身材条件相差甚远。甚至在进入国家队后，仍然有教练发出质疑："这么瘦小的孩子，他能行吗？"

李雨始终坚持着自己的想法，在这样的执着背后，还有一个人也在不断地支撑、鼓励着他，给予他强大的力量。李雨的教练对他充满了信心，他始终相信李雨，陪伴李雨无数次汗流浃背地刻苦训练，支撑李雨在这条路上稳步前行。

连续十一年没有回家过春节

赛场上的遗憾往往与成绩和努力相关联，但与赛会成绩不相关的错失机会更令人感到惋惜。在1994年利勒哈默尔冬奥会上，一场报名乌龙使李雨错失了宝贵的机会。由于工作人员在报名环节报项出现失误，速度滑冰中涉及距离的两个项目报错名，专攻短距离的李雨无法在长距离项目中发力，最终没进决赛。

1995年备战第八届全国冬季运动会遗憾落选

归队以后，李雨在省队给一位女队员当陪练。她曾是世界冠军，当时国内好多女队员拿男队员当陪练，正是由于这次陪练的机会，让李雨在速度滑冰的路上得到了更好的发展。

低谷期的李雨还面临着一个棘手的问题，教练带着一众队员去比赛，而提前回到训练地的他没有任何训练上的保障。他甚至担起了带领小队员一起浇冰的角色，青年锦标赛即将到来，没有环境就自己创造环境，没有教练就一遍遍纠正自己的动作，没有计划就自己规划调整训练安排。

李雨的心里只想着：有目标就不能放弃，

要坚持练，没人管也要坚持练。那时的李雨就像独处在灰色地带，面临着诸多大大小小的困难而又孤立无援，他必须撑起自己、撑过比赛。当困境一次次浮出水面，李雨总用身上的那股韧性耐心地解决，那些烦琐的事都被远远地丢在脑后，他只有一个念头：拿金牌！最终，他在青年锦标赛中夺得了5块金牌。轻舟已过万重山，站在领奖台上的他既自信、又坦然。

回忆自己那个年代的教育，李雨始终有一个理想：为国争光，为家乡父老争光。他坦言，这么多年的坚持，就是为一个念想。这是中国人的传统，也是初心和使命。

2015年8月李雨带领黑龙江省队员在加拿大卡尔加里训练（三排左二）

2016年2月李雨在挪威备战世界速滑全能锦标赛和队友合影（右一）

当运动员期间，李雨曾经连续11年没有回家过春节。由于赛事时间安排，为了保障运动员参赛的训练储备，不敢松懈，李雨抱着饭盒在国外冰场上吃饺子是常有的事。努力的背后，总伴随着说不尽的心酸和泪水。他始终认为：“这本就是一个聚少离多的职业。我想，这背后支撑我走下去的力量是理想信念和责任！”

比赛历练的意义，远大于成绩，笑与泪都是成长的里程碑。一幕幕备战、一场场赛事，都是成长和蜕变的过程。当坚持的接力棒传送到后备人才时，李雨跟队员依旧传达着“你得有信念，对自己要有自信，遇到困难的时候不能往后退”。

场内是严师，场外是家长

2021 年 1 月，李雨正式调入首都体育学院任职。作为一名国家级速度滑冰教练，训练馆里和训练场外的他有着极大的差别。

师者，传道授业解惑也。李雨始终认为作为老师不仅仅是训练管理，学生思想教育也至关重要。每一个走入课堂的学生都有自己独特的发展空间，作为老师最重要的是因材施教，根据每位学生的个人态度、身体条件针对性地调整训练方法，把学生的可发挥空间填满，成绩也就随之提升。教学态度上不能谩骂和羞辱，要不断地鼓励，更重要的要能启发学生、引导学生。

2022 年 2 月李雨参与中央广播电视总台《生活圈》节目录制

2023 年 9 月李雨（右一）带领学生参加中国大学生速度滑冰比赛

除了思想上的对症下药、冰场上的言传身教，李雨认为要给予学生更多的关爱。学生们初入队伍进行冰上训练的年龄往往只有十几岁，需要情绪上的疏导和心理上的适应，除了睡觉其余时间都待在队伍中，每天冰场、食堂、住处三点一线的生活都互相为伴、很少回家，所以学生跟随教练相处的时间甚至比父母还长。

李雨深知，这种长时间、高强度的训练生活，对于学生们来说，既是一种身心的磨砺，也是一种情感的考验。他们不仅要面对冰上的艰辛和挑战，还要应对思想上的压力和困惑。在这个过程中，他们需要的不仅仅是技术和战术的指导，更需要的是关爱和理解。

在冰场上，他是严师，要求严格，一丝不苟；在生活

2023 年李雨（左三）指导的学生参加首届北京市速度滑冰公开赛

中，他是家长，平易近人，善解人意。

不断地拼搏与磨砺，让李雨变得更加出色，他从未想过放弃，一直坚信“没有付出，就没有回报”。不怀疑自己的能力，不迷信他人，就是生命的最佳注脚。即使没有成就，没有建树，只要充分发挥生命的价值，就已经享受了过程的意义。

所谓冠军，无非是扬长避短，尽力而为的结果。

（本文由学生记者陆之贺采写整理）

郑义 / 生逢盛世，奋斗其时

2022 年郑义担任世界跆拳道锦标赛旗手

我的热爱最终成为了我的职业。

——郑义

郑义，1984 年 3 月 23 日生。搏击运动员，国家级运动健将。现任首都体育学院武术表演学院搏击教研室讲师。

2007 年锦标赛，郑义首次斩获全国第二，入选国家跆拳道队；2007—2008 年，作为国家队陪练，备战北京奥运会；2009 年，斩获山东全运会冠军；2010 年，获广州亚运会第二名；2011 年获西班牙公开赛 87KG 第一名；2012 年获德国公开赛第一名，同年获全国锦标赛 +87KG 第一名。

误打误撞，推开命运之门

我叫郑义[①]，国家跆拳道队原队长。我与跆拳道结缘存在巧合，幸运的是，一招一式、一脚一拳地磨合后，跆拳道成就了我，我也最终为国出征、为这份事业作出贡献。跆拳道赛场既是力量的抗衡，也是策略的较量。回首往事，长路漫漫，有春风得意，也有马失前蹄。而更多时候，奋斗与拼搏填满了我的心志。

我犹记得那是1999年，中国掀起了一股跆拳道热潮。也是在那年，我通过电视上的体育节目，才第一次目睹跆拳道的壮美，跆拳道选手动作间的爆发力，激发了我内心深处的羡慕之情。

然而，尽管如此，那时的我其实更痴迷于篮球。父亲认为我有天赋、可运动，特别是初三时我的身高已直线上升到190厘米。于是，我决定去参加一个篮球班，想看看自己是否具备运动潜力。

周末，我踏上了寻找篮球班的路程，一路上却迷了路。恰巧，我的启蒙教练就在此刻出现在我的面前。得知他本是一位跆拳道教练后，我与他交谈起来。他对跆拳道的介绍让我对这项运动也产生了浓厚的兴趣，于是我决定去道馆试试身手。

初踏跆拳道馆，馆内环境庄严肃穆、学员训练有序，这一切带给我极大震撼，也深深吸引了我，当下心中就已确定，就是这了！现在想来，与跆拳道的现场初见就像人与人的第一印象，这让我在今后的时光里，无论是春风得意，还是马失前蹄，永远对跆拳道怀着初见时的那份悸动与敬畏，成了人生中的白月光。很多时候，选择比努力更重要，有时道路就这样出现在眼前，需要自己多加留心和把握。

在启蒙教练的指导下，我进步飞快，短短一年，就已和道馆里的老队员们水平相当了。一年半后，我迎来了人生中的首次跆拳道比赛。初次登场缺乏比赛经验，我其实内心充满紧张。只不过，在我的级别里，像我这样个头高大的选手并不常见。经三场激烈角逐后，我最终荣获所在级别的第一名。

经历此次夺冠，我志从心来——要进入专业队，成为更厉害的跆拳道选手！随后我风风火火地参加北京队的面试，却由于紧张、表现不尽如人意——落选了。我着实失落了好一阵子。幸运的是，我的启蒙教练再次伸出援手，为我联络了山西队的教练，敲定我前去试训三个月。这于我而言，好比久旱逢甘霖，格外令人欣喜，也让我有了继续坚持的理由！

---

① 经采访者与被采访者确认后，本文以第一人称表述。

初尝甜头，扬鞭奋进马蹄疾

2001 年 11 月，我初到山西太原。这里的人很好，但条件非常艰苦，比想象中差很多。虽然略感失望，但念头一闪而过。于我而言，能跟比我厉害的人一起训练，还有更专业的教练给我指导，还有什么能比这更重要？人本该生命力旺盛，在河堤、石缝、阳光温室，像一株不肯妥协“落地生根”的树，学会与周围环境和解。进入新环境，明确自己的目标，自动屏蔽其他诱惑，葆有自我、不忘初心，才能一路沿着正确的方向前进。

很快，试训时间到，我不仅得到教练认可，还获得 2002 年全国锦标赛参赛机会。

这次比赛，我紧张之外多了兴奋，在自己比赛之余，常跑去看台上观赛，多方借鉴、去芜存菁。也是抽签幸运的原因，我迎战的对手不强，赢了两场，最终取得全国第五名的成绩，也斩获了年底参加冠军赛的机会。

这样的结果给我很大信心。同年 11 月的冠军赛，我又取得第三名，是山西队的最好成绩。彼时的我春风得意马蹄疾。

高空坠谷，少年得势又失利

老话说得好——越熟的稻穗越会弯腰，成就是谦卑者进步的台阶，却是骄傲者堕落的先兆和滑梯。

一连几场比赛获胜，我沾沾自喜，内心格外轻盈，逐渐飘飘然了。我对自己的认知第一次有了偏差：觉得那些练了四五年的老队员，还不如自己这个练习不到三年的后来者厉害！不知不觉，我又有了其他爱好，训练也没之前认真了。

随后，2003 年，我输掉一场比赛；2004 年，我仅获得全国第五名；2005 年，第十届全运会，我丧失了决赛资格……而当初和我水平差不多的对手，已经拿到全运会冠军。

我不敢相信结果，不敢相信自己竟然陷入小成就带来的虚荣心，迷失自我、忘记来时路。

我开始回忆，自己当初为什么来山西？是因为热爱。可现在，这份热爱却犹如鸡肋，食之无味弃之可惜。

人一旦遭遇挫折，便有了反思自己的素材。我拿起手术刀“解剖”自己，于低谷中意识到，下坡容易上坡难。下坡时依靠惯性、吃老本，上坡时则要调动全身、使尽解数。余秋雨说过：人生不要被过去所控制，决定你前行的是未来，人生不要被安逸所控制，决定你成功的是奋斗。所以，一旦你发现近来过得轻松，就要提高警惕，是不是在走回头路，因为，上坡总该付出点什么。

绝处逢生，突破命运的拐点

好在，命运终究是仁慈的，一番捉弄后，并不打算真让我就此止步。2005 年底，一个重生的机会降临到我身上——北京体育大学竞技体校队招揽全国跆拳道青年人才，山西队有两名运动员入选，而我则得到一位老师推荐，获得了去北京体育大学试训的机会。

2005 年 11 月，我踏足北京体育大学。回首我的运动生涯，这是我作为运动员的一个命运转折点。在这里，我打破了以往对运动员的理解。这里的每个孩子都拥有正能量，专注于训练，良性竞争。虽然这些孩子在全国比赛中尚未取得辉煌成绩，但他们的训练氛围，让我生出强烈的危机感。当时我已 21 岁，我知道，如果在这里不能取得成绩，我将被淘汰。竞技体育因残酷而热血，不分对错，只问强弱。在这里，我度过了最艰难的一个冬训；也是在这里，我走出了命运的拐点。

2006 年，虽然比赛成绩没有突破，但我感到自己已经入流，与前几名的水平相差无几。这条路正在越走越通！

2007 年的锦标赛，我首次斩获全国第二，入选国家跆拳道队。

2007—2008 年，我作为国家队的陪练，备战北京奥运会。国家队有最先进的科研团队、体能老师、韩国教练，我跟随其中、饱学新知。随着新的技战术融入，我的水平也日渐提高。

2008 年郑义在国家跆拳道队接受训练

夺金长征，黎明前的黑夜

北京奥运会结束后，我回到队伍，备战全运会。这一年，是我体育生涯中的关键一年，涉及三个国际比赛、一个全运会。我给自己定下目标，前三者择一参赛，还要在全运会上得奖。结果如何暂且撇开不谈，先说我是北京体育大学 2006 级的学生，也就是 2009 年毕业，如果拿不出过硬的成绩，就必须面临就业，而当时的我全无准备，脑海里只有训练。因此，2009 年既是我的压力年，也将是我的丰收年。

在国家队的日子我的水平有了大幅提升，我已具备争夺冠军的实力，但并没有绝对的优势，毕竟参加 2008 年北京奥运会的选手与我同一级别。

2009 年 4 月，我参加全运会的预赛，一举打进决赛，成为了种子选手。之后开始备战决赛。我们来到了天津韩家墅国家训练基地，这里曾是2008年北京奥运会国家跆拳道队备战的地方。那次我只是一个配角，而这次，我是主角之一，为国出征，也即将亲手书写自己人生中浓墨重彩的一笔。

在这里我要解释一下，全运会跆拳道比赛，一共设立8块金牌，男4女4。每支队伍都想获得金牌，能获其一，也就代表这支队伍在目前全国跆拳道队格局中的水平与地位。

每个重大比赛都会有夺金点。北京体育大学跆拳道队是一个综合体，各个省份的优秀运动员集结，同时开展训练，也存在明确的竞争关系。这次北京体育大学的夺金点，定了天津一个女孩，天津训练基地也给予她很大支持。全运会前，大部分队员都回到了各自省队，我们个别留下的队员，是因为省内训练环境不如天津，便一起跟来。这次备战给我留下了很深的印象。

2009年初，我们来到天津韩家墅。本以为的备战状态是，教练带领我们以比赛为目标，进行各种针对性训练，但到了之后，逐渐发现我们都成了陪衬，所有训练计划都围绕天津夺金点进行设置，尽管我们几个人也将参加全运会决赛，但是在训练内容和目标上，都缺乏明确指导。负责备战的教练年纪不大，组织给她安排夺金点，确实给她很大压力。同样，我们也感到迷茫，没有针对性的训练计划，就连宝贵的资源也未得到合理利用，同时还受到了教练的忽视……

创造条件，执笔书写孤勇者

失望、迷茫、困顿……那个夏天，蝉鸣比任何一年都要聒噪和刺耳。窗外日光弹指间掠过，训练场外枝叶疯长，一日又一日，时光不等人。眼看着备战的队员们在训练场上挥洒汗水，我暗下决心，不能再这么浪费时间了。

也是这时起，我养成了写日记的习惯，次次把自己及别人的优缺点记在本子上。我开始埋头苦干，每训练一段时间，就及时复盘。既然教练不能给我明确的训练目标，我就自己创造！事实上，很早之前我就意识到，自己并不是天赋型选手，老天爷给了我出挑的身高，但没给我出众的运动天赋。为了追上高水平运动员的脚步，我开始多练多想，用力所能及的提升铺开前进的道路。终于，我迎来了全运会决赛。

这场比赛高手如云，势必充斥着激烈的较量，但也是我最后的机会，我必须放手一搏。登场后，我不再紧张或兴奋，而是沉着冷静，分析对手出腿目的，快速想出应对方法，一路过五关斩六将，终于成功“杀”进决赛。拼搏对于当时的我来说，是泥潭里挣扎上岸的最后一根稻草。凭着这份破釜沉舟的决心，来到决赛最后一节，我们双方都有些体力不支，但我始终紧咬牙关，一分钟、两分钟……直到赢下这场比赛。

我犹记得，下场后，对手给我送来了肯定的赞许。

2009 年，郑义获得第十一届全运会冠军

也是这场比赛，让我拿到了北京体育大学保研的资格。在全运会后，我找到了自己合适的节奏，得到了教练的重视。在接下来的训练里，我对很多事情突然释怀，似乎又回到了初到山西太原的那份纯粹，一步一个脚印，朝着一个个目标迈进。2010 年亚运会，我拿到了第二名。随后两年的国际比赛，我也取得了不错的名次，为我的运动生涯画上圆满的句号。

2010 年，郑义获广州亚运会第二名

长路漫漫，奋斗其时不负盛世

回顾这一路，自己称不上一帆风顺。但好在，我生逢盛世、生逢其时，没有恶劣的训练环境，还遇到了伯乐——我的启蒙教练，也最终奋斗其时、不负盛世。当然，不排除运气成分。再后来，我退居二线，从队员身份转换成教练身份，从事跆拳道的教学工作，将一腔热血继续挥洒，期望能为这份事业再多付出些什么。我成为首都体育学院的讲师，带领

2011 年郑义在北京体育大学接受训练

2013 年北京科技大学，首都高校跆拳道比赛

着同学们训练，总觉得仿佛看到了年轻时的自己。

某天，吃完晚饭，我漫步在学校的操场上。晚霞在天边交相辉映，我注视着那些在田径场上奔跑的学生们，突然发现这条路好长、好长……我感到庆幸，我的热爱最终成为了我的职业，我也愿用自己的经历浇灌更多为体育事业献身的年轻人，让体育精神得以延续。

（本文由学生记者王兵杰采写整理）

廖辉帆 / 年轻，没有什么不可能

廖辉帆在 2005 年第十届全运会平衡木项目中的后空翻动作

以强大的信仰迎难而上。

——廖辉帆

廖辉帆，1991 年 8 月 16 日出生于湖南省，中国前女子体操运动员。2005 年进入国家体操队女一组，师从陆善真、王丽明与刘群琳。

荣获 2005 年全国体操锦标赛团体第一名；2005 年第十届全运会团体第二名；2006 年全国体操锦标赛团体第三名；2007 年世界杯俄罗斯站跳马第二名、自由操第四名；2007 年全国体操锦标赛暨奥运会选拔赛跳马第三名。2008 年和 2014 年分别被授予体操国家级运动健将与健美操国家级运动健将称号。

四岁邂逅体操

廖辉帆与体操最初的邂逅故事源于幼儿园的一次选拔，那时候的她，仅通过一种游戏的方式接触体操，而后逐渐正式开始练习体操。当时在十几个孩子中，廖辉帆展现出了自身的热爱与天赋，天资聪颖的她于4岁起正式开始练习体操。但在廖辉帆刚开始接触到体操之时，爸妈起初是不同意的。一方面，家里没有人熟悉体操，无法给孩子提供指导性的帮助，另一方面，对于女孩来说，从事职业体育的艰辛比其他工作要多很多，相比体操，家里人更希望她学习舞蹈。出于自己的喜爱，加上教练认为她有一定的天赋，随着身边的小伙伴在选拔中陆续被淘汰，最后只剩自己留下来，父母这才改变了原有想法。

2007年廖辉帆参加上海全国锦标赛

以新面孔见证大赛精彩

2007年，首次出征体操世界杯莫斯科站的廖辉帆以新面孔挑起重任，来自湖南的她最初给观众留下的印象是白白净净、文文弱弱的。但据陆善真介绍，廖辉帆是中国体操女队腿部能力最强的选手之一，这次参加中国女子体操队的薄弱项目跳马。对于中国体操女队来说，跳马、自由操这些对腿部力量要求严格的项目，在训练方法、手段与恢复上都存在一定的不足，因而一直是中国队的弱项。而廖辉帆在自由操中的后团两周360°、后直1080°及后屈两周等动作的完成度，一定程度上能弥补现有团队配置不足的问题。虽说世界冠军程菲的出现打破了这一状况，但还需多储备一些人才，陆善真表示要多为国家队培养一些优秀选手，充实队伍，以更好的人力资源去备战2008年北京奥运会。从那个时候起，教练就带着廖辉帆和程菲练习跳马。陆教练对于廖辉帆在体操世界杯莫斯科站上的良好表现表示赞扬，更为可贵的是，当时作为“新人”的廖辉帆，首次参加国际大赛便收获了跳马银牌、自由操第四名，在弱项跳马与自由操项目上能发挥出此般表现，令陆教练和团队看到了希望。据陆教练介绍，冬训以来，廖辉帆的竞技表现一直比较突出，凭借出色的腿部力量，在跳马与自由操上具备了一定的潜力。从团体配置角度上看，整个团队的运作需要从大局观的层面进行考虑，在弱项上能涌现出如廖辉帆般年轻的选手，对于队伍整体实力的提高有着很大帮助。

自2005年进入国家队后，在征战职业赛场的过程中，廖辉帆遇到了不少困难。作为运动员的她，思想上始终目标明确，内心有着强大的信仰。那时候的她，和队内的小伙伴一样，对待伤病问题已经习以为常，变得不重要了。一路上面对诸多挑战，她也有短暂放弃的念头，但很快就被心中的另一个自己打败了。咬牙坚持，习惯性地迎难而上，是廖辉帆在体操项目中始终如一的态度。

2022年廖辉帆指导实习生开展岗前技能培训

退役后发挥体教余热

退役之后，对于当时的廖辉帆而言，最大的挑战在于适应个体的生活。以往的训练与比赛，自己都是与团队生活在一起，早已习惯十多年来集体生活的成长环境。而脱离了集体生活的熟悉感后，她需要逐步适应个体生活的诸多方面。不过廖辉帆的调整与学习能力很强，很快便克服了这些困难。退役之后的她，积极投身于体操教学的工作岗位，在她看来，让体操走进校园，在丰富学生知识的同时，也为自己增添了许多技能。从对幼儿园、中小学的技能教学，再到对成年人素质操等形式的编排，廖辉帆依然不断地在体育教学实践中发挥自己的余热。她认为，关注体育、关注体质健康是每个国民都应该重视的。大课间素质操的教学，是廖辉帆众多实践项目的其中之一。培训的内容包括大课间素质操规定套路学习及素质操创编构成讲解两部分，廖辉帆领学全国学校体育联盟（教学改革）大课间素质操规定套路，使体育教师们更加深入地理解大课间素质操的理念与精髓，更加全面地掌握大课间素质操的内容与组织方法。

在体操教学的研究方面，廖辉帆发表过多篇相关文章。在《北京市海淀区幼儿园体操教学现状及影响因素研究》一文中，廖辉帆通过运用多种研究方法，对海淀区幼儿园体操教学中的现状以及影响因素进行研究，旨在为目前幼儿园体操教学提供参考。在《中学体操教学中提高“双杠支撑前摆向内转体 180°下”技术的身体运动功能练习方法》一文中，廖辉帆结合支撑前摆向内转体 180°下技术动作特点，以提高学生上肢力量、支撑摆动能力和转体控制能力为切入点，通过有针对性的身体运动功能练习，达到提高学生较好地完成支撑前摆向内转体 180°下技术的目的。廖辉帆关注到学校的体育课中很多内容都是体操动作，但器械体操教学的开展实施依然存在着许多阻碍。在《影响中小学器械体操教学效果原因及优化对策》一文中，对中小学器械体操教学现状的影响因素进行分析研究，并提出优化方案，旨在为目前中小学器械体操教学提供一定的帮助及建议对策。

2023 年廖辉帆发表的《身体运动功能训练方法在提高分腿腾跃落地稳定性教学中的应用研究》入围第十三届全国体育科学大会。该文以 2020 级体育教育专业体操山羊分腿腾跃落地在稳定性教学中的应用为研究对象，通过组织实验组与对照组进行相关测试与研究，得出有效提高教学稳定性、促进学习效果与提升教学质量的建议。

在《初中体育引体向上教学的优化方法及运动损伤防治建议》一文中，廖辉帆探讨了提高引体向上运动成绩的方法，分析了初中阶段学生在运动中容易出现的常见运动损伤，并提出了一些具有针对性的练习方法与运动损伤防治的建议。

2023 年廖辉帆在校体操馆参与体操三级通级赛

独特的教学心得

在首都体育学院教学以来，廖辉帆有着一套独特的教学心得。她指出学校体操和竞技体操是两个完全不同的方向，学校体操面向的是学生，目的是提高青少年体育水平，促进身体健康，需要站在学生的角度进行教授。而竞技体操是以创造优异运动成绩为目标，两者在理念、方法上都存有差异。在学校体操的教学过程中，廖辉帆认为难点在于发现不同学生存在的问题，由于学生在校学习课程的时间较少，所以教学过程中需要因材施教、因人而异，在教学中注重个性化的差异，旨在培养自己的学生在一定时间内完成动作的学习，从而让他们在掌握动作的学习之后，也能够掌握教授的方法，进而传授给其他学生。廖辉帆授课对象主要是面对本科生，体操项目的专业性强，面对大多为零基础的学生，需注意减少器械带来的危险，在教学过程中要通过保护帮助这一技能的实施运用。2019 年，廖辉帆曾带着队伍参加京津冀体操团体比赛，看到自己的学生取得了各项奖项，作为老师的她感受到了强烈的荣誉感。与此同时，廖辉帆从她们身上，看到了以前的自己，怀念那个与她们年纪相仿、毫无保留、咬牙坚持的女孩，或许这就是体育传承的魅力所在。

2023 年廖辉帆在首都体育学院体操馆

从运动员到教师身份的转变，起初对于廖辉帆来说是件不容易的事情。刚入校的那段时间，在教学中出现的各种问题让她感到棘手。但随着时间与经验的累积，以及在前辈老师的指引下，廖辉帆在教学中愈发得心应手。如今作为体操教研室老师的她，也有自己总结出来的一套教学经验。面对教学中出现的任何问题，廖辉帆表示，需要对症下药，随时进行动态调整，将课堂中出现的情况及时反馈，课下自己做好总结与复盘工作。面对调皮捣蛋的学生，对于刚到教师岗的廖辉帆来说，常常不知道如何解决，但现在的她，能够很好地把握学生的心理，做到换位思考，发现每位同学的闪光点，站在学生一方与之共情，进而将教学内容顺利地展开。谈到目前的学生现状，廖辉帆认为他们普遍缺乏学习主动性与吃苦耐劳的精神，这也是需要老师加以引导之处，在每节课上，教师要立好规矩，以教学相长的教学理念提升学生学习的主观能动性。

（本文由学生记者武俊鹏采写整理）

王成梁 / 从军官到教师的追梦轨迹

2009年，王成梁参加保加利亚世界军人田径锦标赛

付出后的收获总会带给人惊喜。

——王成梁

王成梁，1985年8月4日出生于辽宁省营口市，短跑国际级健将。北京师范大学研究生毕业。现任首都体育学院体育教育训练学院田径教研室讲师。

1997年作为试训队员被输送至解放军总政治部八一体育工作大队，2003年底被批准正式入伍、成为一名军人。曾获全国青年锦标赛男子田径200米亚军，亚洲锦标赛男子田径200米冠军，全国田径锦标赛200米冠军。2018年后任职于首都体育学院，投身教学工作。2022年，王成梁担任北京冬奥会和冬残奥会NTO休息室主管。近两年首体田径队训练水平整体提升，创造了学院历史的最好成绩。在第21届全国大学生田径锦标赛中，王成梁带的学员有9个达到一级水平，其中一些闯进前三名。

儿时的梦想

王成梁老家是辽宁省营口市，从小就比较调皮，属于东北“虎孩子”，因为小学运动成绩比较突出，爸妈看到其运动天赋，就把他送到了市里的体校。也是在那里，王成梁有了人生的第一个梦想。王成梁在营口体校遇到第一位启蒙老师——李超老师，是八一体育工作大队退役运动员，回到老家做体育教练。在与老师的点滴相处中，王成梁发现老师身上独特的军人气质与感染力，不同于之前接触过的任何一个人。从那时候起，王成梁心里就种下一颗种子，想当兵！在练好体育的同时还能参军，王成梁特别向往！那是1997年，王成梁13岁。

当时学校还成立了一个俱乐部，也是全国第一支田径俱乐部——鲁冰花田径俱乐部，王成梁紧跟教练及俱乐部开展训练。也是在1997年的辽宁省省运会上，王成梁成绩突出，就由教练输送到了北京市八一区工程大队田径队，也是解放军总政治部八一体育工作大队。2002年，王成梁又被教练输送到了八一体育工作大队。在市体校时，王成梁一边就读一边训练，等进了这里，则完全执行专业队模式化训练，且彼时的王成梁还未入伍，而是一个试训的队员。也是在这期间，王成梁发现自己跟高水平运动员的差距很大。

笨鸟先飞

这个时候，王成梁遇到了人生的第二个导师，就是八一队的教练员。当时王成梁憋着一股劲儿，小时候那团火苗已蹿成火焰，想要熄灭是不可能的！都说“笨鸟先飞”，王成梁自知在这里，自己必须承认这一点，否则就会面临淘汰。为了摆脱试训身份、正式入伍，他开始将有限的时间和精力尽数投入训练。好在当时的教练也将他的这份决心看在眼里，打心底对这个不服输的毛头小子刮目相看。2003年非典来袭，好多学员都选择归家，教练不甘心“放走”王成梁，非常坚定地将他留下，在此期间对他开展系统化训练和指导，王成梁成绩也逐渐得到提升。2003年底，非典结束，王成梁的成绩达到一级，得到教练认可，被批准正式入伍、成为一名军人，同时也是一名运动员。王成梁实现了小学时的梦想。这时候，王成梁又生出一个想法：追求不断、进步不止。那时他18岁，想的是自己不但要成为一名军人，还应该做一名军官。人在不同阶段总是有不同的追求，况且当上军人成绩不突出，依然可能面临退役复员的问题，所以王成梁定下的下一个目标就是提干、成为一名军官。这当然意味着更高标准和要求，包括拿到全国A级比赛的前三名。种子一旦种下，总

王成梁在中国人民革命军事博物馆

想破土而出。从那时起，王成梁一直朝着目标努力，也在教练的帮助下，参加了一系列赛事。

厚积薄发

2004 年，王成梁 18 岁，彼时的他站上赛场仍是一个黄毛小子，成绩不稳定，主打积累经验，在教练的不断指导下见识各种比赛和对手。而一年后，2005 年参加的第一场室内田径比赛，王成梁跑了一个 21 秒 30，要知道当年全国纪录是 21 秒 27！但王成梁还是留下了一个遗憾：如果当时比赛不因领先对手很多而懈怠的话，自己可能拥有更好的成绩。不过，21 秒 30 已足够让整个田径短跑界轰动了一次。

也许是打磨到火候了，从那开始，王成梁的成绩稳步往上走，在 2005 年全国青年锦标赛上取得第二名，随后有幸第一次代表国家参加马来西亚亚洲青年锦标赛。第十届全运会是 4 年一届的全国最高规格的综合运动会，王成梁取得田径男子 200 米第二名……一系列成绩书写着王成梁的奋斗历程。他也有幸以解放军代表团开幕式旗手的身份参加了 2005 年全运会开幕式。

2005 年，王成梁获第十届全运会田径男子 200 米亚军

徘徊在岔路口

随后，王成梁的身体开始出现状况。因为竞技水平一下子拔高，运动员身体上的负荷逐渐增加，长期的高强度竞技导致王成梁出现了各种运动损伤与拉伤、跟腱炎等。伴随性的伤病成了王成梁的又一个压力与挑战。好在生活与训练中有老师相伴，以及军队氛围的熏陶让他养成了“不抛弃、不放弃”的韧劲，王成梁从未停止对自己的激励，逐渐从伤病的痛苦中走了出来。

但伤病还是使他留下了遗憾。2007 年王成梁参加全国锦标赛暨奥运会选拔赛，那时候他奔着参加 2008 年北京奥运会的目标前去参赛，却因为腿部拉伤错失了这场比赛，留下了很大的遗憾。王成梁在痛苦中徘徊了很久，再次收拾情绪、整装出发，着手准备 2009 年的全运会。也好在从未放弃，王成梁夺得 2009 年全国田径锦标赛男子 200 米冠军。在下半年的第十一届全运会上，王成梁再次担任旗手，从军委领导手中接过解放军代表团大旗，肩负使命前去参赛。也许是背负太大压力，加上身体仍旧处于受伤状态，王成梁获得第四名，并未达到自己的目标，也成了他的遗憾。

2009 年，王成梁作为双积分运动员，回到自己所代表的辽宁省队，跟一位美籍教练训

2009 年王成梁（左二）获全国田径锦标赛男子 200 米冠军

练了两年，学习了许多先进理念。直到 2012 年王成梁面临退役，摆在自己面前的有两个选择，一个是继续留在部队发展，完成儿时的梦想、继续当兵；一个是成为一名老师，像自己的两位启蒙教练一样言传身教，带领更多学生圆梦。当时的王成梁选择了前者，留在了部队。可对田径的热爱又迫使他再次作出改变，2018 年他选择自主择业，离开部队、来到首都体育学院，成为一名教师。

2015 年，王成梁北京师范大学研究生毕业

向热爱再出发

启蒙老师带给学生的影响总是深远的。选择当老师，其实也是王成梁的梦想，他时常在想，如果没有遇到两位启蒙老师给予帮助，自己又能走多远？走上教师路，王成梁的愿望是让更多学生热爱田径。每年，王成梁都会给新生上第一节课，分享自己的人生经历，也在日后的课堂里将专业经验传承下去。针对体育教学专业的学生理论知识强，但专项成绩稍显薄弱的问题，王成梁会给予更多实践上的指导训练。还有些学生有很好的天赋和条件，自己也足够努力、成绩良好，但上了大学后失去方向，王成梁及时发现状况，适时谈心帮助这些学生规划将来的路，带领他们出去历练，走好专业道路，将高中付出的辛勤努力全盘托出，把握大学四年的珍贵时光。

让王成梁欣慰的是，自己的学生也足够努力，近两年田径队训练水平整体提升，也创造了学院历史的最好成绩。在第21届全国大学生田径锦标赛中，王成梁带的学员有9个达到一级水平，其中一些闯进前三名。看着学生一步

2020年北京林业大学，首都高等学校第58届学生田径运动会

2021 年，王成梁率队参加首都高等学校第 59 届学生田径运动会

2023 年王成梁带领学生在安徽合肥参赛

步成长、向梦想和目标迈进，王成梁感慨：付出后的收获总会带给人惊喜，辛苦后的结果都会指向历练和提高。

王成梁老师也以特殊的方式圆了自己的奥运梦：担任 2022 年北京冬奥会和冬残奥会 NTO 休息室主管。王成梁带领团队将一个简单的 NTO 休息室打造成兼备了器材存放、厨房、餐厅、会议室、修板室等多项功能，他的军人本色和专业运动员的攻坚克难精神感染着每一位 NTO 休息室工作团队成员，也正是通过他们的努力付出，让“雪飞燕”赛区全体 NTO 感觉到，在冬奥拥有了一个温馨的家。

作为运动员的他曾经无数次梦想着站在奥运赛场上，却因伤病错失 2008 年北京奥运会。只因他从未放弃奥运追梦，才有了此刻的圆梦冬奥。

由军官到教师，从健将到裁判，这就是王成梁的追梦轨迹。

（本文由学生记者王兵杰采写整理）

巴芳 / 因为热爱，不惧未知

2017年巴芳参加世界大学生运动会，获定向运动第四名

因为热爱所以无畏。

——巴芳

巴芳，1991年10月19日出生于辽宁省抚顺市，定向运动员。国家级运动健将，现任首都体育学院体育教育训练学院田径教研室讲师。

自小学起，巴芳接受中长跑专业训练，初中接受专业筛选，高中开始参与专业赛事。本科与研究生就读于中国地质大学（北京），本科学定向运动专项，研究生学体育教学专业。大二起参与定向运动专业比赛，连续6年参与全国性定向运动锦标赛，包括个人和团体项目在内共获得冠军13次。2017年代表中国参加世界大学生运动会定向运动项目短距离赛并获第四名。多次参与国际赛事，如瑞典5日赛——最大的国际定向越野赛事之一，每日参赛人数达5万。毕业后任职于首都体育学院，开展的定向运动选修课每学期吸引许多学生报名，深受欢迎；每学期组织学生外出实践，实地感受定向运动的魅力。学校定向运动社团成立3年，巴芳同其他老师已组织参加过两届全国和北京市的首都高校定向运动锦标赛，2022年取得团体赛第三名，2023荣获团体赛第二名。

与定向运动结缘

定向运动（Orienteering）就是利用一张详细精确的地图和一个指北针，按顺序到访地图上所指示的各个点标，以最短时间到达所有点标者为胜。定向运动起源于瑞典，作为体育比赛项目诞生至今也有百余年历史，20世纪八九十年代开始传到我国，如今在国内逐渐热门起来。

巴芳来自辽宁，从小伶俐、活泼好动，家人也非常干脆，送她学了体育。从小练习中长跑的她，第一次接触定向运动是在高中。

那时候，几位已上大学的师哥师姐带着她们来到圆明园，掏出事先准备的一张地图，让大家“找几个点”。巴芳记得，当时有二三十个跟自己一样的定向“小白”，出乎意料的是，只有自己和另外一位女生找到并晋级了。这样的表现让巴芳成就感倍增，加上定向运动的独特魅力，自然对这项运动非常倾心。因为定向运动是体能与识图的结合，中长跑运动员接触时具备一定的优势，且相比于中长跑，定向运动显然更富有趣味性和挑战性。

中国地质大学（北京）户外运动的开展在全国都比较靠前，尤其是定向运动。巴芳大学4年就读于此，顺势学了定向运动专项，此后在这条路上一路坚持了下来。

正式成为定向运动专项体育生后，巴芳开启了自己的全新赛道。因为定向运动与原来专业的结合度高，体能训练是不能放松的。首先，周一到周五，巴芳就按照中长跑运动员的标准要求自己，在学校开展训练并学习理论知识、打好基础。其次，定向运动属于户外运动，需要识图野外，比赛地点多变，面对的地形地貌和解决办法不同。这对训练提出更高要求，依赖大量的实地训练和经验积累，在学校里闭门造车是行不通的。一到周末、寒暑假，巴芳和其他学员必须把握机会，打卡北京乃至全国各地的公园，“扫荡”每个角落以增强实地经验。

永不停歇

一直以来，突破体能限制是体育训练中的难点，对每个体育生来说都是如此。这也是体育竞技的精神所在——真正的对手永远都是自己，突破个体极限然后向对手发出挑战。

这个过程，巴芳在大学以前就已经历过了。初中参加中长跑专业筛选，高中辗转参加专业赛事，这意味着巴芳要保持不俗的成绩，才不至于在激烈的体育竞技中被淘汰。一直以来，突破体能极限、提升成绩是她的主题。和其他任何体育项目的训练一样，坚持很重要，这要求持之以恒的训练和自律的品质。在巴芳这里，“坚持”二字有具体的时间刻度，不是一天两天，而是经年累月，是自小学起，一路走过初中、高中，直至上了大学、开启全新赛道。在这些年月里，一天又被划分为训练、学习、吃饭，等晚上训练结束时，已经累得倒头就睡，很难再有时间和精力关注其他事物。那时的娱乐活动也不多，当她听着现在的孩子围在一起讨论追剧、偶像、演唱会时，总感到有些迷茫和陌生。在高强度的训练下，虽然没有受过伤，但巴芳还是同许多运动员一样，留下很多后遗症，比如心脏不太好，初做母亲那几年，仍要不时去医院做检查。

这一路经历了多少身心上的磨练，巴芳自己也很难讲清。但在走上定向运动赛道时，巴芳已经能够笃定地说，自己在体能上绝对过关。

如果说在中长跑阶段，自己坚持下来是因为梦想和不服输，那么在定向运动阶段，巴芳发现，真正支撑自己的其实是热爱。“热爱可抵岁月漫长”，这话不假，每天的训练是重复而枯燥的，可一旦抵达实地开展训练或比赛，定向运动特有的新鲜感总能让人瞬间兴奋，这种感觉也伴随巴芳走完了一个又一个赛程。

在比赛中历练

全国性定向运动锦标赛是专业赛道中国内最高规格的赛事。由于定向运动训练和比赛条件要求较高，这样的赛事对运动员来说是非常宝贵的，参与其中意味着运动员们可以在专业的赛制和保障下磨练自己。自大二起，巴芳每年都会报名参加，读研三年也没落下，包括个人及团队项目在内，一共斩获 13 次冠军。

事实证明，只要敢拼敢闯，结果总不会亏待你，战绩终会成为日后挂在自己身上的、闪闪发光的战功。在研一期间，巴芳代表中国参加世界大学生运动会定向运动项目，获得短距离赛第四名，也是单人取得的最好成绩，为自己的赛事生涯添上浓墨重彩的一笔。

2008 年厦门马拉松，巴芳获得健将等级

由于定向运动每回的比赛场地不同（按照规定，针对定向运动，一个场地三年内不可以重复比赛第二场），赛事体验非常新颖，是这项运动的独特魅力，也是巴芳最喜欢的一点。特别是，每

年都有机会出国参加比赛，在各地见证风貌、践行“大冒险家”精神，巴芳回想起来都历历在目。印象最深的当属瑞典5日赛，这是最大的一场国际定向越野赛事，每日参赛人数达5万。比赛在纯粹的原始森林展开，区域内全是地理意义上的等高线，区别于国内赛事不可避免地存在建筑物、耕地等，此次比赛场地没有任何参照物，地图难度非常高。“丢了，真的就是丢了”。也许是比赛经验足够丰富，巴芳拿到全然陌生的地图后，倒没有丝毫胆怯，反而更加兴奋和投入，最终圆满完成这场赛事。

甘做播种者

巴芳研究生也就读于中国地质大学（北京），学的是体育教学专业，毕业后选择成为一名教师，来到首都体育学院，现在体育教育训练学院田径教研室担任讲师；开展的定向运动选修课每学期吸引许多学生报名，深受欢迎；每学期组织学生外出实践，实地感受定向运动的魅力。学校定向运动社团成立3年，巴芳同其他老师已组织参加过两届首都高校学生徒步定向锦标赛，2022年取得团体赛第三名，2023年也荣获团体赛第二名。其中，巴芳印

2019年首都高校学生徒步定向锦标赛，在巴芳的带领下，首都体育学院获团体第二名

2019 年第十八届中国学生定向锦标赛，巴芳带领首都体育学院学生获得男子甲组短距离第二名

首都体育学院田径场，巴芳教授 2021 级主修专项课

象比较深刻的一位学生，从高中起就玩定向运动，斩获北京市多个定向比赛冠军，并在全国最高赛事中斩获亚军。

谈起教学，巴芳强调自己最重视的是学生的个人品质，既包括一再强调的坚持、自律，也包括综合素质。因为定向运动亲近自然且脑体并用，是一项非常健康的智慧型体育项目。它不仅强健体魄，而且培养人独立思考意识和问题解决能力，看重参与者在压力下能作出迅速反应、果断决定的能力。在比赛中，参赛者状态非常重要，需要把握好整体节奏。总之，定向运动非常考验个人的综合素质。

巴芳也注意到，定向运动已被正式列入教育部《义务教育课程方案和课程标准（2022 年版）》，在体育与健康、地理、数学等课程标准中都明确提到各学科与定向运动的融合实践、创新发展。她认为这是非常利好的消息，在义务教育阶段融入定向运动、抓素质教育，对个体培养是十分必要的。

在针对体育教学专业的学生开展教育时，巴芳格外严格，这既是本着对学生负责的原则，也怀着对教育“一棵树摇动一棵树”的信仰，对今后可能影响到的无数体育学子负责。且提高国民素质，建设体育强国同样要求体育生以自身为表率、发挥作用。

再忆过往

如今回想起自己的专业经历，巴芳的回忆中充满“魔鬼般的训练”。而这几年也最炽热和热忱，像树木的年轮，随着阅历增长不断积累生命的厚度。都说运动塑造人，不同的运动又塑造人的不同方面，巴芳认为，定向运动不断告诉自己，路线选择非常重要，为了作出正确的选择，你要做的，就是认清你自己、不断提升、积累阅历。唯有如此，才能在未知面前无所畏惧、作出理性判断。最后，定向运动也是在告诉我们人生哲学。参与定向运动全程始终要带着三个问题：我在哪，我要去哪，怎么去？在人生道路上也要经常问自己，现在处于什么阶段，目标是什么，如何完成目标？

巴芳将自己的经历娓娓道来，怀着热爱与信念，希望更多人认识定向运动并从中寻找到乐趣。

（本文由学生记者王兵杰采写整理）

郭莹 / 卸下戎装，从零开始

郭莹在课堂上教学

退役就意味着把运动员时期所获得的光环全部扒掉，给你拍到社会上，然后让你重新开始，从零开始。

——郭莹

郭莹，1978 年出生于陕西省华阴市，首都体育学院体育教育训练学院排球教研室教师，北京体育大学硕士毕业，曾是一名女排运动员。

郭莹 16 岁入伍，效力八一女排 11 年。1995—1996 年，获得全国青年女子排球联赛冠军；1998 年，获得全国女子排球锦标赛第二名；2001—2002 年，获得全国女子排球联赛第一名；2002—2003 年、2003—2004 年，连续获得全国女子排球联赛第二名。

把女排精神融入排球专项课

体教融合是事关新时代教育事业、体育事业和健康事业的重大命题。作为排球教研室教师，郭莹充分挖掘“女排精神”，探索课程背后所蕴含的思想政治教育的广度和深度，以点带面，运用女排精神融入专项技术课，逐步推进“课程思政”。

郭莹在课堂上指导学生

教学中的郭莹

郭莹曾是一名专业排球运动员，经历过高强度的专业训练，并对我国排球的历史发展及其特点较为了解。在技术课中，郭莹增加了排球概述和中国女排奋斗历程的教学内容。通过讲述中国女排所经历的大事件，包括第一次在日本夺得世界冠军、让球风波、奥运夺冠等，让学生们了解当时中国的时代背景、中国女排的发展历程以及中国女排背后的精神内涵。

职业运动员把日常训练作为工作，具有天然主观能动性。但学生则难以接受枯燥的基本功动作练习，所以需要老师把体育课设计得有趣。在郭莹的特色思政排球课上，每节课都有一到两名同学亲身体验单兵防守，时间大概在1分钟。“体验的时间虽然只有短短1分钟，但每节课的体验还是能够让学生们对中国女排精神有一定的理解”，郭莹介绍道。对于不同于其他课程设置的特殊环节，一开始有同学好奇但不能理解，慢慢地，随着从学生的角色转变到排球运动员，当学生们真正体验奋不顾身地飞身翻滚救球时，他们体会到了运动员的不易，理解了中国女排摘得冠军的艰难历程。

与竞技体育的功利性不同，在从运动员转变到体育教育工作者的路上，高校教师更多需要通过教育的方式，探索并释放竞技体育的正能量，因此，对于高校教师来讲，细心、耐心和责任心尤为重要。郭莹的体能训练专业学生中有一部分是职业运动员出身，退役后重新入学，因此在年龄上要比多数同学大一些，不适应校园生活，并且各个方面相对其他学生来说比较散漫。

对于这类学生，郭莹在职业精神方面着重要求，大到结合自身职业运动员退役后的社会经历带给学生一定的引导和启发，小到规范学生们上课时书包、鞋子的摆放。在教学内容上“因地制宜”，郭莹介绍，“因为他们本身技术很好，理论知识相对薄弱一些，所以我一般都是理论方面多一些，包括训练方法、教学方法、纠错方法等运动员生涯没接触过的知识，不断提高学生的教学能力和训练能力。他自己本身技术已经达到一定的水平了，所以在技术上我不会过多地纠正”。

术业有专攻，退役运动员教导学生，不仅可以普及体育项目基础知识，同时还能潜移默化地培养学生长期刻苦训练、永不放弃的精神。

郭莹带领学生参加 2023 年首都高等学校排球联赛

八一女排代代相传的拼搏与信念

11年职业运动员期间，郭莹效力的中国人民解放军八一女子排球队是支老牌甲级劲旅，自1951年成立以来，以为国争光、为军争辉的高度荣誉感，严格管理、严格训练，养成了团结协作的战斗作风和独特的战术风格，战绩辉煌，蜚声中外排坛。

1994年，郭莹入伍，加入八一女子排球队。多数时候，训练馆里只有运动员的叫喊声和排球被垫起后发出的声响，还有教练高声提醒的声音。这声响不大，但氛围沉闷、紧张。一整天的训练，几乎没有闲暇时间与队友说笑。郭莹与其他队友一样，成百上千次做着重复的动作，在精益求精的过程中不断挑战人类极限，也挑战着身体极限……

郭莹在八一女子排球队期间

运动员时期的郭莹

一代代女排运动员的激励，加上刻苦的训练，郭莹在加入八一女子排球队次年，就随队打出了青年女子排球联赛冠军的好成绩。首战大胜，给了郭莹十足的信心，在之后的比赛中，她作为副攻，展现出了出色的实力和潜力，夺得了青年女子排球联赛冠军、全国女子排球锦标赛第二名、全国女子排球联赛第一名，并且连续两届获得全国女子排球联赛第二名等荣誉。

经过多年的磨炼和大赛的历练，郭莹在队里的心理素质和竞技水平已经达到了新的高度，同时，她膝盖的伤也增添了不少，“但我相信我受过的伤，都是我的勋章。”回忆起这段经历，郭莹仍记得每天都在医务室给膝关节扎针的日子，但终究还是咬着牙撑过来了。所以后来每每遇到挫折的时候，她就会想起那段艰难的时光，受过的伤，就像勋章一样激励着她。

回首10多年的职业运动员生涯，郭莹的日常生活很简单，只有训练和比赛。进入八一女子排球队就意味着参军入伍，有了正式工作的同时，能够享受比地方队高得多的工资和稳定的福利待遇。哪怕在20世纪90年代，八一队的训练环境和条件都要比地方队相对优越一些，“在运动队，有教练照顾衣食住行，一切都不用自己操心，很少接触社会，想做什么都有人安排好。”正是这样，运动员们除了运动以外的其他能力就差了一些。在郭莹27岁退役脱离队伍后，一开始并不习惯自己张罗自己的事情，初入社会，她被动地感受着来自真实世界的陌生感和落差感。

几乎每个运动员都是这样，离开赛场、决定退役，才正式进入到真实世界中。

退役后再就业＝从零开始

“当我们接受了奖牌、鲜花和掌声并走下领奖台选择退役的时候，一切都将从零开始。”这是中国竞技体育的一句名言。对于广大专业运动员来说，退役是必须要接受的选择。一旦

郭莹在女排比赛中执裁

退役，就面临着职业生涯的规划，如何焕发“第二春”是一个不简单、不轻松的命题。

2005年，27岁的郭莹退役后的道路也并不是那么如意。专业运动员职业生涯短，且专业度高。“再就业”对于郭莹来说无异于重新上一遍大学。不仅是大学，更是社会大学。

由于在职业运动员生涯获得过“国家级运动健将”称号，退役当年，郭莹选择了南开大学经济系读本科。面对陌生的人、环境和专业，郭莹对未来的职业规划并不是特别清楚，“一开始觉得挺迷糊，但从大三就已经确定了，觉得还是要回到自己擅长的领域上，准备进学校当老师”。

凭着职业运动员期间的冠军经历优势，2008年本科毕业后，郭莹试图在北京找一份中小学教师的工作，但现实却给她浇了一盆冷水，“本科文凭，我们不要。”“你这岁数在我们学校都能当中层了”……是的，把荣誉装入“档案袋”之后，一切都要从零开始，郭莹体会到了失落的滋味。但即使找工作四处碰壁，但她并没让自己闲下来。退役后，郭莹先后在大学期间考取了教师资格证、普通话证书，本科毕业后报名当2008年北京奥运会的志愿者，跟随欧米茄(Omega)承担计时计分工作；随后在中关村二小做体育老师，边工作边备战考研。

郭莹在第七届世界军人运动会男子排球测试赛中执裁

“冠军”并非现实意义的头衔，指代的是一种坚持不懈、奋勇拼搏的体育精神，这是大部分运动员久经沙场磨练出来的意志品质，也是职场上非常重要的素质。从运动员到教师，郭莹转型后一路遇到贵人恩师的帮助，“我受到我老师的影响，也想成为像他们这样帮助学生的人”。她凭借自己的特长优势，在中关村二小执教期间组建了排球队，受到她的排球启蒙，第一批学生中已经有学生因为排球特长而升学至清华大学、北京师范大学和北京交通大学等高校攻读学位。

从运动员生涯到真正走上社会，郭莹一直试图打破运动员学习很差的刻板形象，“可能大家都会有一种共识吧，就是说体育生的学习能力和态度可能都不如文化生，但是我觉得我胜在会总结抓重点。”在八一女子排球队期间，郭莹也会固定在中午休息时上解剖学、排球理论等文化课，她学习能力强、态度积极，训练之余大部分时间用来学习，就这样，郭莹坚持了3年。

同样地，在职考研一战上岸，退役后考取国家级排球裁判、国家级气排球裁判，服务于军运会……对于郭莹来说，一切都是她再就业后不断学习的成果，也是展现运动员韧性的一大体现，“退役后、本科毕业后让我重新认识了社会，也重新审视了自己，我需要进步。”

本科学历、教师资格证、普通话证书以及10多年来职业比赛冠军的头衔……并不能获得一份满意的工作，“但运动生涯所培养的韧劲儿会伴随一生，引导着我变得更好。”郭莹表示，成为老师之前，要先成为自己。退役运动员的转型与出路，一直是竞技体育最残酷的地方，但人生不止赛场！即便是在退役之后，运动员的身份也蕴含着无限的潜力。从赛场中央走到高校教研室，并不代表运动生涯终止，只不过是换了一种形式继续以体育的名义征战四方。

（本文由学生记者褚晓蒙采写整理）

李昀霏 / 赛场上的球员，校园里的学生

李昀霏为师生讲解原地持球交叉步突破技术

60 分的实践大于 100 分的想法。

——李昀霏

李昀霏，在读博士，首都体育学院讲师，篮球运动健将。

就读清华附中期间，在 2012—2013 年中国高中女子篮球联赛总决赛中以总比分 2∶0 力克卫冕冠军夺冠。2016 年，作为北京师范大学女篮主力中锋先后获得第十八届 CUBA 中国大学生篮球联赛北京赛区、东北赛区第一名，最终获得全国总冠军，这也是球队历史上的第六个总冠军。2016 年，代表北京师范大学在中国台湾参加国际名校篮球邀请赛获得第二名。2017 年入选第 29 届世界大学生夏季运动会篮球项目大名单；参加第十三届全运会三对三篮球比赛（女子青年组）获得亚军，这是篮球三对三比赛首次被载入全运会史册；获得第十三届全运会篮球比赛（女子成年组）第九名；代表北京大学生参加第十三届学生运动会并获得女子组冠军。2018 年，获得首都高校大学生 Star 杯篮球联赛冠军等。

“球员”与“学生”的成长

李昀霏出身教育世家，自幼爱好广泛，弹过钢琴、吹过长笛，喜欢古典吉他。在体育运动方面，受家庭影响和熏陶，自然而然地接触到了很多项目。其中，乒乓球是她最开始接触并喜欢的运动，左右手开弓，常常一下课就跑去“抢台子”，乐此不疲，渐渐地在运动中找到乐趣，结交到一群一起玩耍的小伙伴。

篮球在年龄稍大一点以后走进了她的视线。起初是看着父亲给他的学生上课，后来是经常跑去“灯光球场”（水泥地的室外场地，因傍晚之后会开灯而得名）看大点的孩子还有成年人打球。从因为年幼和没什么技术占不到黄金时间的场地，自己在土操场顶着大夏天正午的烈日自己投篮享受乐趣开始，李昀霏发觉一帮人在一起通力协作、配合着把球投进那个那么高的篮筐是件非常美妙、神奇的事情；再到见识了有一些篮球基础的年龄稍大的孩子熟练地连续胯下运球，轻轻一拨，球便可以在指尖长时间转动这些奇妙的事情之后，她幼小的心埋下了“篮球”的种子。随着父亲耐心的指导，她在篮球启蒙阶段打下了坚实的基础，各项技术也都提高很快。

小学毕业后，由于李昀霏篮球基本功扎实，身高和各方面条件出众，有职业队向她抛来了橄榄枝，邀请她参加夏季的球队试训。在父母的陪同下她去到了职业队集训基地，那也

李昀霏在清华附中校园的梧桐树下和吕宏娟老师交流生物问题

李昀霏在清华附中上学期间参加班级乒乓球争霸赛决赛

是她自己第一次独自一人在外过集体生活。经过在职业队专业、严苛刻苦的训练，李昀霏在基本技战术、体能储备上都有了更大的进步。为了追求更高的学习目标，在与父母的充分沟通后，李昀霏重新背上行囊，去往能兼顾学习与练球的地方——清华大学附属中学，正式开始了自己的求学成长之路。

清华附中马约翰班于1986年创立，以清华大学著名教授马约翰名字命名，又被称为"马班"。"马班"育人的核心理念——体魄与人格并重。一条"体教结合"的课余体育训练新路从"马班"开始，其目的之一是培养具有较高文化素养的高水平运动员。李昀霏心里的种子便在这片热土上生根、发芽。

在清华附中马班的时间十分忙碌，既要参与学习，又要保证训练。从早自习开始，一直到下午3点半，跟普通学生一样，是李昀霏文化课的学习时间；利用午饭休息时间，换好下午训练的衣服，结束下午的课程学习后，她要马上到球场，参加球队的训练。一天不落，几年如一日。中学开始训练以后，李昀霏几乎没有体验过完整的假期，周末和寒暑假也要进行训练。清华附中是篮球名校，在有限的时间里，没有训练质量就无法保证训练效果，训练量和强度自然也不言而喻。她说，每周三、周六的力量训练和雷打不动的跑3200米，对于一个初中生和系统接受训练年头尚短的她来说就像两座翻不过去的大山……这周翻过去了，还有下周。体能训练总有各种方式，有时是10圈变速冲刺跑，有时是折返跑，有时甚至是计时400米跑。最多一个下午跑过13个400米，而且是在打完一场比赛之后。每次训练结束，她才感觉又重新活了过来。

尽管忙碌，李昀霏还是尽可能抽出时间参加学校的各种活动，如英语短剧、合唱比赛、名人讲座、户外拓展。这些丰富的课外活动不但没有影响到她的学习，反而让她对探索新鲜事物充满了兴趣，她喜欢和同学们在一起，喜欢及时请教老师，时常给予老师、同学们很正向的反馈。用她高中班主任的话讲，“李昀霏是很拼的，场上主力，场下学霸，即使运动会间隙也会投入学习，最经典莫过于梧桐树下她和宏娟老师交流生物问题。”她勤奋好学，性格开朗，深受老师、同学们喜爱。

赛场上的球员

虽然被北京师范大学提前录取了，李昀霏还是参加了高考，她不想留下遗憾，况且她英语考得还很不错。凭借其优异的文化课成绩与扎实的篮球功底，清华附中毕业后她顺利加入CUBA劲旅——“王者之师”北京师范大学女篮。

北京师范大学女篮是一支功勋卓著的球队，9次夺得CUBA总冠军。女篮国家队前队长邵婷，就来自这支球队。和师姐邵婷同样身披9号球衣，李昀霏进队的使命就是扛起“新老交替”的大旗。

李昀霏大学一年级刚进入球队那年，正是球队“青黄不接”的时期。当年在CUBA完成“5连冠壮举”的冠军班底，在她入队时大多已经上研究生或已毕业，球队进入重新磨合阶段。下午3点半到7点半，是雷打不动的训练时间。而4个小时的训练只是打底，很多时候训练没完成，就会再加练，不管是技术还是力量。

赛季前正值寒冬，早上6点10分，当其他大学生还沉醉在梦乡时，李昀霏和队友就已经来到篮球馆开始练习投篮。早训结束后，她又要匆匆赶到教室上课。

日复一日的苦练，在2016年厚积薄发，北京师范大学女篮再添一冠，续写昔日辉煌。

那年夺冠的路上并不顺利，球队中很多主力球员有严重的伤病，很多场比赛甚至无人可换，经常靠着李昀霏和另几个队友打满全场，还有几场打到加时赛，最后以1分、2分的微弱优势拿下比赛。北京师范大学女篮并没有把伤病作为借口，而是拼尽全力去争取每一场胜利。在2015—2016东北赛区决赛结束前最后9秒钟，对手以一记漂亮的“2+1”准绝杀，完成69：68的精彩逆转。就在大家认为比赛结果已成定局之际，北京师范大学女篮请求暂停。李昀霏和队友并没有太大的心理变化，而是认真地听教练布置最后一攻的战术，最后上场前5人将手搭在一起，又相互加油，眼神里充满对彼此的信任。这时观众已纷纷起立，屏息等待这最后的0.6秒两支球队该如何应变。最后0.6秒，按照既定配合和心照不宣的默契，北京师范大学女篮球员出手抢攻造成对方球员犯规，凭借其超强的心理素质和过硬的基本功，关键时刻两罚篮全中，最终以70：69完成戏剧性绝杀，重夺东北赛区女篮冠军。终场哨响后，替补席上的球员也冲上赛场，大家紧紧地抱在一起，流下了激动的泪水，她们深知这场胜利来之不易。李昀霏赛后笑着跟教练说，打咱们，没到最后一秒都还不一定呢，对方可千万别高兴得太早。那场比赛后，球队完成了从青涩到成熟的蜕变，队员们在场上无条件相信队友，彼此之间更加团结。在拼下一场又一场胜利后，球队在 2015—2016 赛季以 24 胜 0 负的壮举，时隔两年，再次拿到 CUBA 总冠军。

2016 年，李昀霏代表北京师范大学女篮夺得第十八届 CUBA 总冠军

2018 年李昀霏参加自己最后一届 CUBA，跟姚明合影退役留念

尽管大学期间训练任务繁重，比赛一场接着一场，李昀霏学习也没有落下。训练之余，她就背上书包，在学校找一处地方自习，甘之如饴。面对图书馆巨大的木头桌子时，她觉得整个人可以放松安静下来，重新整理自己，复盘当天的学业与训练。大学期间，她多次获得京师（学业）一等奖学金，还抽出时间辅修并通过了心理学第二学位的全部课程和考核。英语四、六级一次性通过，获得“三好学生”称号，本科毕业时还拿了“北京师范大学优秀毕业生”称号等。回想起本科毕业季时，正赶上那年的 CUBA 东北赛区在青岛进行，每天比赛前后，李昀霏回到酒店还要抽出时间写毕业论文，没日没夜。回忆起那段日子，李昀霏只用一句“bitter sweet”（苦甜参半）概括。

出于对心理学的热爱，李昀霏选择继续攻读北京师范大学运动心理学方向硕士研究生学位。读研期间，她参加了自己的最后一届 CUBA，拿了大运会冠军，打了第一届全运会的三打三。研二的时候去往美国伊利诺伊大学香槟分校（UIUC）交流访学。研三紧锣密鼓地完成硕士论文，研究生充实、忙碌、充满挑战的生活，在参加完硕士学位答辩后画上了小小的分号。

校园里的学生

研究生毕业后，李昀霏进入蓟门烟树旁的首都体育学院，成为了一名篮球教师。

从小对于教师身份并不陌生的她，加上师范类院校“浸泡式的”7年学习、实习，她很快就适应了从学生到教师的身份转变。李昀霏说：“我在课堂中的内容不是一成不变的，可以精准地看到学生的需求，对教学内容进行调整。针对不同水平的学生，进行分层教学。对于有篮球基础的同学，我会教给他们地高阶连贯的技术动作、战术意识、灵活地抓取机会、小的配合等；对于初学者，我会把教学大纲中的技术动作完整示范后进行分解，从原地到行进间、从易到难、由慢到快，用学生可以理解的方式循序渐进地教会他们。即便是枯燥的基本功训练，我也会用更新颖、更具趣味性的教学方式，让学生体会到基本功扎实的意义，每节课都有新收获。”

北师大心理学的教育背景，让她在课堂中能够更好地把握学生的心理状态，思考学生的学习动机，将学生的学习热情调动起来。除了专注于学生专项技能的培养，李昀霏还注重锻炼学生的教学思辨能力，培养学生在篮球课堂的思政意识。她常对学生说：“充分利用好宝贵的实习机会，尤其是体育教育专业的同学，不仅要学得会，还要懂怎么教得好；打篮球是项脑力劳动，‘手眼心’三位一体，个人和团体合而为一，篮球上越打越妙，生活上愈挫愈勇。”

工作中，李昀霏仍在不断努力，追求提高。2022年，她考取了首都体育学院青少年身体功能训练方向博士研究生，边工作，边读博。经

李昀霏在课堂上为学生讲解篮球技术动作

常在上完一天的课程后，回到办公室，还要打开电脑继续进行博士阶段的学术研究。经常能看到她从科研楼匆忙地出来，骑着电动车，赶往篮球馆上下一堂课。与李老师如影随形的橘色电动车甚至成为同学们毕业打卡的一道亮丽的“风景线”。她倒是希望在大学校园里永远当名好学生，富有朝气，孜孜不倦地跟着导师潜心学习，跟各位前辈讨教、受教，当学生是最快乐的。既当老师又当学生，仿佛又回到了好多年前，把时间劈成两半用，苦中作乐，乐在其中。

对于以后的职业生涯规划，李昀霏有明确的目标。一方面，她希望自己成为一名让学生如沐春风的好老师，逐渐形成自己的风格，将自己的经验、知识和技能传授给更多学生，也尽自己的能力感染、带动和帮助更多学生。另一方面，她希望投身学术研究，让学科融合的种子能在首都体育学院的沃土上开花，不断提升自我，努力探索，积极创新，结合体医工与自身专业专长的学科交叉，研教相辅，进一步提高教学质量，和团队一同做出更多优质的研究成果，服务学校战略发展。

鲁迅先生曾说，时间就像海绵里的水，只要愿挤，总还是有的。回忆成长道路，是过去时、现在时，也是将来时。正是如此，李昀霏这名“学生”的故事，还在继续，如冬日清晨的一抹阳光，在清冽的微风中，闪着光亮。

（本文由学生记者屠振如采写整理）

任越 / 因伤告别田径场，转型教育再启航

2018 年任越前往日本东京为国际田联教练员讲师资格认证班授课

下蹲是为了更好地起跳，所有的开始都不晚。

——任越

任越，1991 年 6 月出生于山西省太原市，首都体育学院在读博士，国家级跳远健将。

2013 年全国大学生田径锦标赛专业组季军；2012 年首都高等学校田径运动会冠军；2013 年首都高等学校田径运动会亚军；2018 年参加国际田联一级教练员讲师培训，在结业考试中理论课与实践课成绩均为第一名；2023 年获得中国田径协会认证 D 级田径教练员讲师资格；曾任国际田联田径一级教练员讲师；担任联合国儿童基金会欠发达地区体育教师培训项目讲师。

有天赋，而不自知

任越的跳远生涯，像是一部跌宕起伏的电影。高三时初次接触跳远，就达二级水平，此后竞技水平一路飙升，越过一级，直达健将。可惜天妒英才，在提高成绩的黄金时期遭遇严重伤病，带着无限的遗憾退出赛场。尽管充满了不甘，但在回忆起自己的跳远生涯时，他平静地说："从事田径训练这几年，既忙碌、又幸福，既辛苦、又快乐，田径训练塑造了我的人格，增强了我的体魄，拓宽了我的视野，完善了我的人生"。

在任越踏上田径征程之前，他一直是一个专注于学习的学生。对他来说，学习成绩是最重要的事情，体育运动只是他的课余爱好。中学时代，他最喜欢的运动项目其实是篮球，在篮球场上，任越跑跳能力出色，经常能做出一些令同学们瞠目结舌的篮球动作。

高三的时候，一次偶然的机会，他接触到了田径项目，从此改变了他的人生轨迹。当时，学校举办了一场田径比赛，他只是凑热闹去观看，并没有打算参加。然而，在比赛的休息期间，一位教练注意到了任越身材高大的优势，并邀请他参加男子跳远项目的选拔。虽然并没有接受过系统训练，但他觉得这是一个了解田径的好机会，于是答应了教练的邀请。在回忆起自己第一次参加跳远比赛时，他

任越经过充分的助跑后，奋力跃向沙坑

仍表现得十分激动："在太原市运动会上的那一刻，我感受到了前所未有的紧张和兴奋。尽管我没有经过正式的训练，但我决心将自己的潜能发挥到极限"。比赛开始后，他全身心地投入其中，每一次起跳都尽可能地发力，尽可能地跳远。最终，他惊喜地拿到了男子跳远项目的第二名，并且被授予了国家二级运动员的称号。

这个意外的成功让他对田径产生了浓厚的兴趣，于是他决定转变方向，专注地投入田径训练中。仅仅经过两个月的系统训练，任越越便在 2010 年 5 月以专项分满分并达到一级水平、文体综合分全国第一的成绩考取了首都体育学院，进入了运动训练专业学习。

遇良师，奋力飞驰

进入首都体育学院后，天赋出色的任越被慧眼识珠的谭正则教授发现，成为了谭教授门下的弟子。谭教授第一次见到他就说："跟着我好好练，一年就能达到国家健将水平。"

当时任越对自己的实力还没那么自信，毕竟自己接触这项运动的时间只有短短一年多的时间。没想到就在一年之后，任越在谭教授的指导下，真的完成了这个不可思议的目标。

谭教授是田径界的传奇人物，运动员时期是跳远国际健将，最好成绩为 8.24 米，2003

2012 年，任越在首都高等学校田径运动会以 7.87 米的成绩打破纪录

年到 2009 年期间，还担任过中国田径队跳远项目主教练。谭教授曾说："在我年轻的时候，有过一个非常崇高的理想——成为世界冠军。虽然最终没有实现，但我对田径项目仍抱有无限的激情和热忱，希望可以把它传承下去。"

或许是在任越的身上看到了希望，谭教授对他的训练格外上心。大一时，任越在首都体育学院凤凰岭校区，而谭教授在北三环校区，两地相隔一个多小时车程。为了能指导他训练，谭教授每周六日专程乘坐班车到凤凰岭校区。高强度的训练意味着高消耗，谭教授怕他营养跟不上，经常自己出钱，让他吃得更好一些。

任越也没有辜负教练的期望和付出，他的竞技水平一路飙升。在大一的校运会上，他以出色的表现打破了首都体育学院尘封了 24 年的纪录。紧接着，在大二的首都高等学校田径运动会上，任越再次以出色的发挥打破了跳远项目纪录，获得了冠军，也是在这次比赛里，他第一次达到国家级健将成绩。

在短短一年多的时间里，任越从二级运动员水平一举突破到健将水平，这让任越更加坚信，只要付出努力，没有什么是不可能的。大三时的全国大学生田径锦标赛是任越向更高层次迈进的机会。他知道这将是一场激烈的竞争，对手们都是全国各地的顶尖人才。然而，他没有退缩，并以饱满的精神和自信的态度参加了比赛。比赛过程中，他克服了紧张和压力，全力以赴。每一次起跳，他都全身心地投入其中，尽力发挥自己的实力。最终，任越获得了男子跳远专业组铜牌，并获得了国家级运动健将的称号。

2013 年任越在全国大学生田径锦标赛获得跳远专业组铜牌

遭伤病，被迫终止

正当任越的竞技状态一路飙升的时候，突如其来的伤病，终止了他的跳远生涯。

任越记得很清楚，受伤那天是周五。比赛在中国人民大学举行。他和教练早早来到比赛场地，做好比赛开始前的准备工作。比赛是3点开始，按照他的习惯，从1点半就要开始热身，用将近1个小时的时间，调动自己的身体状态，准备迎接比赛。热完身后，任越就静坐在休息区等着准备进场。按照比赛惯例，3点开始的比赛，2点15分左右就要把沙坑挖好，再调试激光设备，准备工作就绪后，3点就能准时开始比赛。

但那天比赛测距用的激光设备出了些问题，一直没能调试成功。5月末的天气，十分燥热。任越在这场比赛中，又是第一个登场，他既紧张又着急，不知道什么时候才能开始。一直等到下午4点，设备终于调试好了。任越活动了一下已经有些发凉的身体，大声吼了几声，试图激发自己的肾上腺素。起跑、加速、奋力跳出，这样的动作任越已经重复了上万次之多，一切看起来都是那么正常。但在落地后，突如其来的剧痛让他意识到——自己的跳远生涯完了。落地的第一时间，他不太敢直视或者是不愿意去面对自己受伤的膝盖。几秒钟后，他鼓起勇气低头看了一眼，只见自己的小腿骨完全反关节错位，整条腿瞬间肿了起来。

谭教授意识到情况不对，匆忙跑到场地上

任越奋力起跳后，重重地摔落在沙坑中

查看情况。

任越看到教练过来，顾不上身体的疼痛，赶忙问道："教练，你看我以后还能继续训练吗？"谭教授知道对于跳远运动员而言，膝关节脱位几乎是死刑伤，但也只能宽慰他，回应道："能练，放心吧，你先好好养伤，等你养好了咱们再练。"

这次大伤导致任越静养了大半年，恢复差不多后，他第一时间开始逐步恢复训练。但事与愿违，有些事无法逆转。在进行小强度训练时，他的腿没有什么异样，一旦训练强度增加，膝关节处就钻心地疼。这一刻，他意识到，他要离开曾经奋斗过的田径赛场了。

留母校，一片赤诚

任越受伤时，已经是大三了。即使内心仍想向更高的竞技水平发起冲击，但考虑到自己受过大伤，冒险继续练下去，如果没有出成绩，毕业就业就是很大的问题。谭教授给任越的建议是让他考研，在研究生阶段加强运动训练理论知识的学习，毕业后可以进入高校，做一名体育教师，继续留在他热爱的田径场上。这条路对任越而言更加稳妥，他听从教练的建议，潜心备考。

2014 年，任越以优异的成绩考取了首都体育学院运动训练方向的研究生，开启了他的研究生学习之旅。在研究生阶段，任越深入研究田径训练的理论和方法，期望通过科学的训练计划和个性化的指导，帮助更多的运动员实现他们的梦想。

2016 年，研究生毕业后，任越凭借优异的竞赛成绩和扎实的理论基础进入首都体育学院田径教研室工作，并担任校田径队教练。他对自己的工作充满了热爱，希望能够通过传授自己的经验和知识，培养更多的优秀田径人才。任越坚信，每个人都有自己的天赋和潜力，只要找到适合自己的专项，并付出努力，就能够取得优异的成绩。

在初学跳远时，任越只是一个执行者，教练让练什么就练什么。在谭教授指导下训练那几年的经历，让他对田径项目有了深入的理解。他慢慢开始明白每一种训练任务的作用是什么、为什么要安排这项训练任务、如何自己调整训练方法才能让成绩提高。谭教练执教风格对任越也产生了很大的影响，"谭教练是一位很温和的人，经常会和我开一些玩笑，从不发脾气。训练课也安排得很有趣，经常玩着玩着就练完了，我一点也不觉得枯燥"。

研究生阶段对运动训练理论的深入学习，让任越对田径训练有了更深层次的认知。因此，在带校田径队训练时，任越得心应手，总是把训练课安排得既合理，又充满趣味。田径队的学生们都很喜欢这位年轻的教练，亲切地称他为"越哥"。在他和其他田径教研室老师共同努力下，首都体育学院田径队近些年屡创佳绩。

作为一名青年教师，任越有着强烈的责任感。任越说：“当了教师之后，就意味着要担起一份责任和使命。我不仅要传授专业知识和技能，更要引导学生树立正确的价值观和人生观。”

在这些年的教学工作中，学生进步的速度让他充满成就感。他观察到，有些学生在一开始可能并不擅长某项运动，但经过坚持不懈地训练，他们逐渐掌握了技能，提高了自己的水平。这让他深刻体会到，每个人都有无限的潜力，只要给予适当的指导和培养，人人都能够实现自己的目标。

工作后，任越没有放松对自己的要求，在教学上尽心尽责，并利用业余时间，准备博士研究生考试，期望在科研上更进一步。2020年，任越以综合分数第一名的优异成绩成为首都体育学院一名博士研究生。

回首过往，任越感慨万分，这条不平凡的道路促使他成为一个更加坚强和自信的人。他坚定地说：“我将永远铭记那些汗水和泪水，感谢田径运动给予我的机会和成长经历。现在，在我的教育事业和博士研究中，它将推动我追求卓越的脚步继续向前。这是我运动生涯的开篇，也是我充实人生的继续。”

（本文由学生记者屠振如采写整理）

王颐 / 以小球窥见大世界

羽毛球冠军王颐

坚持，再坚持，没死在场上就要坚持。

——王颐

王颐，出生于江西省南昌市，曾任中国羽毛球国家队女单组队员。

1999 年，王颐进入南京军区政治部八一羽毛球队。2006 年，入选中国羽毛球国家队女单组。2003 年，在全国青少年羽毛球锦标赛中获得女单冠军、女双冠军。2005 年，在羽毛球国家队选拔赛中获得女单冠军；2006 年，在全国羽毛球青年锦标赛中，获得团体第二名；同年在全国青年赛中，获得女单第三名以及女双第三名。在 2007 年“威克多杯”全国羽毛球锦标赛中，获得女团第三名；同年在第十一界全国大学生锦标赛中，获得混双第三名。2008 年，在全国青年羽毛球锦标赛中，获得女团第二名以及混双第二名；同年在全国锦标赛中，获得女团第二名。

与羽毛球的初相识

王颐从小在体校长大，她的父亲是一位篮球运动员，这也赋予了她身材高挑、手长腿长的优势。得天独厚的身材条件，使得王颐一度被众多教练选中，跳水、艺术体操、游泳都被带去尝试。练艺术体操需要压韧带，练跳水需要持续待在水中、不让起来，练田径需要每天锻炼体能……于王颐而言，只有羽毛球最有吸引力。

最终，王颐选择了一项她最感兴趣的项目——羽毛球。这个在当时看上去不起眼的选择，开启了她和羽毛球 20 多年的故事。

受到父亲的影响，王颐在这条羽毛球之路上越走越远。7 岁那年，王颐进入南昌市体校学习羽毛球，随后进入江西省体校。当从省体校迈入江西队的时候，王颐没被挑选上。正在这时，王颐的父亲收到消息，八一队在挑选运动员，要去试一试吗？父女二人坐了一夜的绿皮火车到达福州。去往福州的路上，他们达成一致："如果没有选上咱就学习，咱就不打职业了"。抵达福州后，王颐完成了身体测试、选拔赛，顺利进入八一队。

王颐在进入八一队后，以一种不服输的韧性埋头苦练。

在之后的江西省运动会中，她一口气拿了三个冠军、一个亚军，给父母也争了一口气。

2005 年王颐在八一队训练后留影（二排左二）

教练让我明白：信心很重要

王颐曾经的教练是一位鞭策型教育的老师，喜欢用严厉的语言敦促运动员训练比赛，提醒队员们在取得成绩之后不要骄傲自满。记忆里萦绕于王颐耳边的是：“比赛赢了不代表你实力很强，你别觉得自己了不起，别翘辫子。”这让王颐每每取得成绩后既幸福又痛苦、既兴奋又失落。

在进入国家队之前，有很多人替王颐打退堂鼓，认为她进不去。但她始终在低谷期坚持着，直到遇到了一位“鼓励式教练”，让她在不断努力中再次为自己争了口气。他时常对王颐说：“你很棒，你其实技术很好、心态很好，你绝对能够打出来。”在声声鼓励之下，王颐训练得越发积极勤奋，屡屡取得不错的成绩，最终顺利进入国家队。

在国家二队的时候，王颐曾有一段时间体会过赛场上的自信。在她看来，绝对的实力、积极的心态、不错的运气，在赛场上拥有自信的状态，就能够战胜对手。譬如林丹之所以能够一直保持着长时间不败的战绩，是因为他一场场赛事积累的自信。林丹坚信在赛场上没有人能超越他，给对手极强的压迫感。所以，心理暗示对于专业运动员而言，至关重要。

因此，教练的那份鼓励被王颐带到了赛场、带到了领奖台，甚至一直带到了王颐后来的从教生涯中，她对待自己的学生也接续着那份难得的鼓励。

2019 年课堂教学中的王颐（右一）

如果拿个全国冠军就圆满了

身材上的优势让王颐成为众多教练员眼中的好苗子，但身体素质却是王颐在训练过程中的短板。同龄的运动员在训练过程中可能400米冲刺只需要缓20秒就进军下一项，而对于王颐而言，她需要缓2分钟。体能消耗快且需要比其他人更长时间的修复期，这并不影响王颐每一场比赛都要做到尽力而为。

除了经常复发的腰伤，每逢高强度的训练和赛事，王颐的脚底就会磨出水泡。最开始是小小的一颗，但赛事安排、训练安排根本不会给王颐留下卧床静养的机会。所以每一次磨出的水泡都会越来越大，需要用针挑开，挤干水分。可挑开后的第二天，王颐又出现在球场上，挑破了的水泡在剧烈运动的摩擦中掀开，没有愈合的时间。

王颐曾言："没死在场上就要坚持。"国家队里有"留存之战"，如果输了就要离开，保证不断有年轻强劲的血液输入。在那场赛事中，王颐输给了奥运冠军李雪芮。打完那场"留存之战"后，王颐的脚底满是水泡伤口，粉红色的肉渗着血迹裸露在外面。但在王颐心里，停下就是放弃。运动员要有军人般的意志，作为八一队的一员，更要坚持下去。

离开国家队之后，王颐依旧在大小赛事中拿过冠军，但因为身上的腰伤，她渐渐淡出了大众的视野。王颐始终觉得，如果能够拿到世界冠军她就圆满了。在极限与苛责的两端，她选择稳中向前，努力做到最好。

以小球窥见大世界

2015年，王颐进入首都体育学院任职羽毛球专项老师。王颐坦言，她仿佛从不断角逐的竞技场离开，而进入了一个小有波澜的舒适区。直到她开始在教学过程中找到成就感，心境才悄然转变。这种成就感并不来源于自身的某些标签，而是当她看到学生通过自己的教学和指导有所成长、有所收获，甚至依靠羽毛球的这项技能步入社会，她突然意识到，羽毛球赋予了她更多的意义。

教育者，非为已往，非为现在，而专为将来。于王颐而言，小小的羽毛球场映射着人生的大舞台。除了传授羽毛球的专业知识和技巧，她更是在以妈妈般的方式"育人"。

一场羽毛球比赛，不仅能够打出学生的专业水平，更能够打出人生态度。羽毛球专项课中不乏双打的环节，关系好的学生总会惯性地组合搭配。王颐却不按常理出牌，她选择拆队，实则是为了让学生以强带弱。有一次，一个学生嫌弃队友水平稍弱就受到了王颐的严厉批评："羽毛球双打就是为了检验你的配合能力，你自己一个人能打好全场吗？你一个人能打得过两个人吗？你能够随时随地去挑搭档吗？这就像人生一样，无法随时挑选同行的人，而在这些看似不按照常理出牌的情况下，

2021 年王颐在首都体育学院授课

学会处理好每一个出乎意料的状况，坦然接受一切，才能成长。”

三人行，必有我师焉。与低于自己水平的同伴打球，能够锻炼组织能力、教学能力，鼓励对方、激发对方的潜力，在这个过程中看到对方进步并充满成就感。而跟强者学习，能够学到对方的打法，仔细揣摩对方的步伐。没有人天生就是完美的，在羽毛球的课堂上要默契、要沟通、要学会相互包容，这也正是王颐想传授给学生的。

超越曾经的自己，就是冠军

疫情暴发，王颐在学院的支持下通过录制一些学生线上练习的运动小视频登上“学习强国”平台，慢慢心里有了另一种声音：这些东西是不是也能够教给更多喜欢羽毛球的人？于是，从基础性的健身运动到专业性的羽毛球知识，王颐的抖音账号开始从零搭建。迄今为止，“羽毛球王老师”的抖音平台已经拥有了62.8 万粉丝。

现在的王颐拥有多重角色：教师、博主、解说。对于王颐而言，这些角色赋予了她不同的能力。运动员是一个积累的过程，教师是从事一辈子的职业，博主是分享的窗口，解说是

2021 年王颐带领学生参加首都高校羽毛球锦标赛

传导的技能。除了运动员，不同的身份角色就像是一个循环，从运动员到老师，再到博主和解说，在不断的技能学习中厚积薄发，在实践中提炼，在分享中传导意义，去帮助更多人。

一路走来，王颐觉得，虽然一直期待的冠军没有拿到过，但在努力追寻的过程中，她收获颇丰。在运动员生涯中，身边人都付出了很多努力而没有拿到冠军，但没有拿到冠军并不意味着失败。

聚光灯或许永远会给到冠军，但值得关注的并不只有冠军，还有那些没有拿过冠军的人，他们在赛场上一样是闪烁着光芒的。

存愚公之志，则山可移也，赋精卫之心，则海可填也。在漫长的人生路径中，运动员的职业生涯只有短短的十几年或者二十年，接下来还有很长的路要走。最重要的是超越自己，和自己比。每一次成功都有收获，每一次失败都是成长，人生的每一步都算数。

超越曾经的自己，就是冠军。

（本文由学生记者陆之贺采写整理）

杨雪松 / 行而不辍，必将抵达

2007 年在全国青少年艺术体操锦标赛集体单项 5 棒中获得冠军

勇往直前，跃动人生。

——杨雪松

杨雪松，1994 年 12 月 27 日出生于辽宁省沈阳市，现任首都体育学院武术与表演学院讲师。

2007 年，在全国青少年艺术体操锦标赛集体单项 5 棒中获得冠军，在集体全能中获得第三名。2009 年，在“体彩”杯全国艺术体操个人冠军赛中，获成年个人团体冠军。2012 年，在“金澳·奥迪”杯全国艺术体操锦标赛中获得团体总分冠军。2016 年，指导学生参加全国青少年艺术体操锦标赛获得集体全能第五名。2017 年，指导学生参加全国青少年艺术体操锦标赛获得集体全能银牌。2018 年，指导学生参加北京市中小学生阳光体育系列活动比赛，三级徒手获得小学 A 组第三名，一级徒手获小学 B 组第二名；同年，指导学生参加北京市中小学生阳光体育系列活动比赛，获得高中组集体第一名。在执教期间培养出 10 余名国家一级运动员、9 名北京市比赛冠军、5 名全国青少年锦标赛亚军，2018 年荣获北京市中小学生阳光体育系列活动优秀教练员。2022—2023 年，连续两年荣获首都体育学院“年度优秀工会干部”称号。

芭蕾舞是与艺术的最初邂逅

2018 年杨雪松在全国青少年艺术体操锦标赛中担任裁判员

在杨雪松早期的记忆中，年仅 4 岁的她因为向往着漂亮的芭蕾舞裙和芭蕾舞鞋，加入了辽宁芭蕾舞团，迈出了艺术之旅的第一步。在芭蕾的世界里，她学会了优雅和纪律，但是命运却改变了她的人生航向。在一次偶然的艺术体操比赛观演中，杨雪松被艺术体操的魅力深深吸引，遇到了正在选拔“好苗子”的启蒙教练。从那一刻起，她投身于这个充满激情和挑战的领域。于是，她告别了芭蕾，开始了艺术体操的学习之旅。

经过层层筛选，杨雪松加入了艺术体操队，初入队伍的她感受到了前所未有的压力。

面对体操馆里高强度的训练生活，她既兴奋又忐忑。她并不知道自己是否适合这项运动，但身体的柔韧性让她很快掌握了一些基础动作。在接下来的训练中，她渐渐地喜欢上了艺术体操。场馆里的氛围让她沉浸在这项运动中，每次训练都让她感到充实。队友之间的互助和教练的鼓励，让她觉得身边充满了爱。

艺术体操这项运动的优美活泼，动作的编排紧凑，在练习中不断吸引着杨雪松进行更深的探究。在艺术体操的节奏和韵律中，协调周身肌肉，在弹跳与平衡中，感受人体的自然之美与青春活力。每次训练，哪怕是大汗淋漓，杨雪松都是高兴和满足的。与大多数有天赋的学员不同，她学动作比较慢，需要反复练习才能记住，所以她总是那个对着镜子默默努力的小女孩。当每一次顺利地呈现每个动作，老师就会鼓励。而在鼓励之后，杨雪松会

2018 年杨雪松担任北京市中小学生阳光体育系列活动艺术体操比赛裁判员（前排左六）

在夸奖中加倍练习、追求完美。

从最初的尝试到被选入辽宁艺术体操队，可以说，杨雪松的道路并不平坦。在2007年的全国青少年艺术体操锦标赛上，杨雪松和队友们以出色的表现获得了集体单项5棒第一名、集体全能第三名以及集体单项5绳第五名的好成绩。这一切的背后，离不开她对梦想的坚持和永不言弃的精神，以及与她每天并肩作战队友们的相互支持。然而，成功并没有让杨雪松骄傲自满。她深知，在艺术体操的世界，竞争是永无止境的。于是，她更加认真地进行日复一日的训练，参加各种培训和比赛，并在2009年"体彩"杯全国艺术体操个人冠军赛中获得了成年个人团体第一名。这一次的胜利，让杨雪松更加坚定了前进的步伐。

"被看见"的那几分钟要历经万次打磨

相比于舞团里很多身材高挑、五官圆润饱满的女孩，她们像是聚光灯下一只只起舞的"天鹅"，杨雪松总是班级里最娇小的女孩，似乎并不被人注意，也正因此她不够自信。在艺术体操的舞台上，虽然一个人只有短暂的一分半钟，但那90秒的时间是会被"看见"的。为了被看见的一分半钟，她要在台下磨砺成千上万次，甚至这还不够。

2020年杨雪松带领学生参加首都高等院校第41届健美操艺术体操比赛（后排右三）

一起训练的同学们被分为了专业队和业余队，在没进专业队之前，杨雪松也是投以羡慕眼神的旁观者，而进入专业队之后，这种羡慕迅速转换为了压力和忐忑。

那时的杨雪松，就像掉入了时间循环，为了赛场上的一分半，每天做梦都在跑圈和转圈。梦醒之后，是在场上不停地重复一套动作。艺术体操的一套动作在比赛之前至少要打磨两年，而这两年时间里的每一天，至少要经历 80 遍甚至 100 遍的训练和打磨。纵然这套动作已经重复了几万次，她依旧希望比赛的时间能够来得再晚一点，再多给自己一些打磨的时间，即使赛前教练并未提出要求，杨雪松依旧会自己认认真真、毫不偷懒地加练，鞋子已经不知道跳坏了多少双。

专业队的教练看到队员的动作失误直接拿小棍敲或是用手拍打都是再正常不过的事情，但当一遍遍练习、一次次失误堆积到情绪的尽头，就会崩溃出口。有时，杨雪松一边号啕大哭一边心想：我已经这么努力了，为什么还是做不到？

成长后的杨雪松才明白，其实教练就是在挖掘潜力，当她认为运动员可以做到的时候会预设一个可达到的目标，而这个目标并不是短暂的、急功近利的，而是需要大量的时间和精力去突破。可能会有停滞期，可能会有技术定型的平台期，但潜能亟待发掘，运动员不知道如何二次提升的时候，难以达到质的飞跃，这时教练会由鼓励转变为严厉，敦促运动员把动作修饰得更加完美、找到突破口。

2021 年杨雪松授课班级考试合影

可以受伤，但要再次站起来

在训练的过程中，杨雪松曾多次受伤，尤其是腰部和膝关节都曾遭受严重的伤痛。最严重的一次腰伤被医生要求至少卧床休息一个月，这意味着她可能要告别那个让她如此喜欢的场馆，告别那群一直以来陪伴她前行的伙伴。很长一段时间，杨雪松失去了一项生活中最大的快乐来源。

她因此而感到彷徨，不知道自己的艺术体操之路是否可以继续。教练和伙伴一直陪伴着、支持着，用行动帮助她恢复训练。不能进行任何的艺术体操动作，这让杨雪松非常着急和失落。但她并没有放弃，她决定再次站上训练场，在痛苦中寻找力量。积极配合康复治疗，坚持自我训练，努力保持体能和技术水平，伤痛并没有让杨雪松畏缩，反而激发了她更强大的内生动力。

回归训练场，杨雪松像是回到了家，重新开始了艺术体操生涯，而那段伤病中的艰难日子，使她更加懂得了坚韧与执着的重要性。馆内的温度比外面凉爽舒适，她开始感到肌肉放松，接受挑战。场边教练白色的 T 恤上沾着汗水，向杨雪松传达着期望和指令，最终她再次站上赛场，展示着苦练的技术动作。

经历了伤病的她无比珍惜每一次训练与比赛，努力开始得到回报。2012 年，杨雪松参加“金澳 · 奥迪”杯全国艺术体操锦标赛，团队凭借卓越的表现获得了团体总分第一名，这也是她在艺术体操道路上的一个巅峰时刻。

2023 年杨雪松在首都高等学校第 43 届健美操、艺术体操比赛担任记录长

认真关照每一位学生的冠军老师

杨雪松刚刚进入首都体育学院执教，和学生的年龄差距并不大。这位在学生眼里的年轻老师，除了教学氛围活跃以外，教学风格也有些“不一样”。常规的课程设置总会在课后布置复习作业，而杨雪松考虑到学生们对于作业的逆反心理，更加愿意充分利用课堂时间、高效地把握课堂上的每一分钟，给予学生充足的空间在课下自主探索。

她总在每节课前认真做好备课，除了掌握动作要领，更会结合解剖学与力学的知识进行教学。相对于课堂内容，她更注重的是在教学的过程中和学生互动交流。她深知，学习的内容只是一个媒介，她也希望学生掌握内容，但内容总会变，动作一定会更新换代，所以课堂

2023 年杨雪松担任青年奥林匹克大使，代表北京国际奥林匹克学院参加第 63 届国际青年奥林匹克大使会议

2023 年杨雪松担任珠海市中小学生幼儿健康活力大赛仲裁委员

上传递的思维和方式更加重要。

从小时候在芭蕾舞团的“不被注意”投射到成长以后拥有“关注权”的老师，杨雪松会关照到课堂中的每一位同学，不按常理出牌地调换顺序，给予每个学生站在舞台中央的机会，从慢速到中速地过渡授课，让不自信、动作有偏差的学生能够及时跟上步伐，这也让许多同学认为这是一堂“不好糊弄”的课。

《史记·礼书》有云：“不弃微末，久久为功。”在冠军之路上，任何一次质变的飞跃都离不开量变的积累，无论是作为运动员还是作为一名教师，都没有速成捷径，一截截垒砌、一寸寸夯实、一汩汩流淌、一方方润泽。行而不辍，必将抵达。

（本文由学生记者陆之贺采写整理）

宗丹 / 奥运梦想留遗憾，体育教育续新篇

比赛中，宗丹利用惯性为投掷链球蓄力

青春全部给了训练场，只为坚持心中的理想。

——宗丹

宗丹，1995 年 1 月出生于山东省青岛市，田径投掷项目运动员。

宗丹六年级意外接触投掷，12 岁独自一人来到北京体育大学附属竞技体育学校，开始了自己的投掷生涯。起初宗丹的主项是标枪，后来又改为铅球、铁饼，因为身体条件更加适合链球，最终定项为链球。在整个职业生涯中，宗丹伤病不断，左脚骨裂、骨折，曾手术进行人工干预，但因保持高强度训练，仍然无法痊愈。医生曾劝她放弃投掷，但她不肯放弃，坚持带伤参训，在她的勤奋努力下，曾获得 2018 年全国田径冠军赛暨大奖赛总决赛（亚运会选拔赛）第三名。

青春给了训练场

大部分运动员的经历都是相似的，只不过世人往往只关注领奖台上那极少的一部分。孩童时期，或许还曾憧憬自己可以成为一名世界冠军，站在聚光灯下，受到众人景仰。但当宗丹真正走向竞技体育这条路后才知道其中的残酷与艰难，对于绝大部分运动员来讲，省冠军很可能都是一种奢求，可仍有人怀揣着那炙热的梦，十年如一日在做着同一件事。

2007年，在六年级的体育课上，一名陌生老师的到来、一场体育游戏，改变了她原本的生命轨迹。在此之前从未想过自己未来的样子，直到那天，那位素未谋面过的老师向宗丹描绘出了一幅属于她向往的蓝图，从此，她深印心底。从区体校到市体校再到北京体育大学附属竞技体育学校，十几年的青春全部给了训练场。

北京奥运会那年，12岁的宗丹独自踏上进京列车，开始她的“北漂”生涯。进入北京体育大学附属竞技体育学校后，挫折、打击接踵而至。首先，面临的第一个问题就是改项，也就是重新接触新项目，从头开始学习新的技术、新的动作。虽然大部分运动员都不是一开始就可以定项的，基本都是多项目尝试才最终确定自己的专项，而她在此之前已经由标枪改为铅球、铁饼，现在又要改到链球，按照当时教练的话讲，技术原理都是相通的，而宗丹的身体条件与技术感觉，更适合链球的投掷技术特点。

刚开始尝试抡球时，宗丹良好的球感仿佛天生会借助惯性的力量带动器械转动，因此刚开始的预摆练习上手很快，也让她信心满满。但链球这条路，远没有想象的那么简单。在学习脚下过渡技术时，宗丹上下肢出现动作不协调、发力顺序不合理等情况，慢慢地使她开始质疑自己。新的环境、新的教练，又是从未接触过的项目，宗丹刚开始训练的那段时间可以说是度日如年。下肢动作的学习阶段，不可以拿器械，只能进行徒手的动作模仿练习。而她又是全队最小、刚接触新项目的队员，所以，在师哥师姐们热火朝天训练时，宗丹总是独自机械般地重复着同一个动作，直到由单个分解动作到完整做出四圈旋转。终于可以同师哥师姐一起进入护笼投掷时，宗丹的开心溢于言表，因为队里人多，教练的重心基本都在师哥师姐身上，只有在她进入投掷圈投球时，投掷教练才能全程注意到她，并指出问题，还会强调重点环节易犯错误等。因此，宗丹格外珍惜每一次投球机会，经过一段时间练习，她由原地抡摆过渡到慢慢地可以持球进行完整四圈旋转投掷链球，从此开始了长达十几年的“转圈”生涯。

运动员真的把所有青春都奉献给了体育，空闲时间少、作息规律、健康饮食，甚至没时间回家陪父母，从踏上体育这条路的那一刻起，专业运动员就得准备好承受那些常人难以忍受的苦与痛。

这一路走来，不说是披荆斩棘，也是坎坷不断，看得见的是破皮流血，看不见的肌肉拉伤实属“家常便饭”。第一次参加省级比赛时，赛前训练中宗丹双腿胫骨撞上跳箱，伤口太深导致缝针，医生建议休养一周，她却因不想放弃期盼已久的比赛，决定如期前往。虽然事后伤口感染发炎，但首次比赛成绩超乎预期，对于当时的宗丹来说，就像是乌云里透出的些许阳光，坚定了她继续前行的决心。

没有谁永远都一帆风顺，生活总会在不经意间送上“当头一棒”。第一次参加全国比赛时，宗丹自信满满地进入赛场，正当她蓄势待发准备上场时，却被裁判员终止了比赛，待到赛后，她被告知注册出现问题，不符合参赛程序，要求停止比赛，直到被带离赛场她都是一头雾水。事后得知注册时因为某些原因导致未能成功，于是宗丹的第一场全国赛由参赛运动员变为观众，由场内转为看台。对于当时只有 15 岁的她来说，犹如“晴天霹雳”，看着如火如荼的赛场，宗丹放声大哭。那时她并不明白其中缘由，只知道自己被赶出赛场，满肚子的委屈只能通过哭泣来宣泄。还记得当时教练说：“竞技体育这条路上随时都会出现各种突发状况，所以不仅要有拼搏奋斗的精神，更要具备强大的内心和对抗事物的勇气。”

也正是那次心理上的巨大落差感，使她在少年时期就学会自我调节，以平和的心态面对突如其来的变故，并迅速作出调整，这在之后的多次比赛中都有体现。

2013 年高考前，在全国青年田径锦标赛的赛场上，当时宗丹的身体状态极差，技术动作僵硬不协调。赛前她狂拍双腿，想让自己兴奋，即使拍到双腿红肿，也毫无感觉，连续几投成绩都不理想，就在连教练都认为无望时，宗丹最后一球成功超越第二名，在比赛的最后时刻艰难夺冠。宗丹在赛后总结中写道：“明明训练时任意一球的成绩，就可以拿下这场比赛的，不是自己能力不够，而是心态没有调整好，最后一球，要放松蓄力顺球惯性旋转，出手前一定不能想用力，顺势鞭打就有了，以后在比赛中一定要及时调整心态。”

血汗流尽，终破茧成蝶

2013 年，宗丹顺利考入北京体育大学。18 岁对投掷运动员来说属于刚刚萌芽，因此，她在高考结束后立即投入训练与比赛。在此期间她技术动作逐渐稳定，竞技状态也达到顶峰，在比赛和训练中游刃有余。

开学后，秉承北京体育大学“亦读亦训、科学训练”的宗旨，宗丹需要在参加训练的同时保证学业。为了不耽误课程，宗丹只能将训练调整到课后，有时在烈日炎炎的午后、有时在月黑风高的夜晚。可能是长时间学习与训练并行，使身体负荷达到了临界点，冬训前期，宗丹左脚疲劳性骨裂，整个冬训期间，宗丹都是用止痛药加理疗缓解痛苦，坚持完成每日训练任务。

2014 年，冬训期间的艰苦训练使得宗丹脚趾骨完全断裂，她忍痛去医院打上石膏休养了 1 个月。由于当时自己的竞技状态好，比赛任务又重，她不敢耽搁，在拆掉石膏后立即开始投入训练，结果出现二次断裂。医生告诉她这是专项动作发力导致的受伤，如果就此不进行该项目训练，休养一段时间足矣，但是如果选择继续从事现阶段运动就要手术，否则永远无法愈合。

医生善意地劝她，这个位置没必要手术，只要终止训练，慢慢就能痊愈，对日后丝毫不会有影响。而年仅18岁的宗丹毅然选择手术，因为她已经看到了自己梦想道路上的那一丝光，绝不甘心就此放弃。于是她瞒着父母，自己住进医院接受手术，植入钢板。

手术后仅一周，宗丹就拄着双拐出现在训练场。脚不能练，那就练核心、练上肢，只是为了日后能够更快恢复训练。上天没有辜负这个女孩的努力，2015年4月在成都的赛场上，宗丹状态出色，一举达到了国家级运动健将水平。

随后几年，宗丹的竞技水平持续上升，只是过程依旧艰难坎坷。

2018年冬训期间，状态好、强度大，宗丹在一次投掷重器械时左脚突然“咔嚓”，直接跪在地上，难以忍受的疼痛感瞬间袭遍全身，眼泪和汗水止不住地流，到医院检查完，医生指着片子说：“自己看吧，钢板都断裂了，你一个小姑娘，对自己是真狠啊，一次比一次严重”。最后医生给出的治疗方案是：要么二次手术，重新更换钢板；要么索性就忍着，直到身体适应这种疼痛，反正受伤的位置只有在你进行专项训练时会用到，日常活动基本不会受到影响。

考虑到手术恢复期太长，未知系数较大，宗丹决定忍痛继续训练。刚开始那段时间，她

2019年全国田径锦标赛，宗丹拿到第三名

的脚趾疼到不敢发力，导致技术动作出现严重问题。为了减轻左脚压力，宗丹被迫调整技术动作，改变发力位置。

她白天吃着止痛药，一边训练一边冰敷，晚上再去理疗、以冰水泡脚等方式缓解疼痛，一切能用的方法都尽数用上；那段时间她每晚睡觉脚上都敷着中药，最后脚上的皮肤都皱成一团；在一次烤电治疗时，宗丹脚上的伤口被烤破，鲜血和脓液一并流出……即使是这样困难，宗丹也从没有想过放弃。这个坚强的姑娘咬着牙对抗疼痛，缠上纱布，穿上那双极具包裹性的投掷鞋照常开始第二天的训练。

练就有效，这是竞技体育永恒不变的真理。宗丹在训练场的艰苦付出，让她在 2019 年第一场比赛就达到国际健将水平，那一年一共 6 场比赛，每场都是 PB（个人最佳成绩），宗丹的成绩直奔东京奥运会的及格线。

命运多舛，遗憾退役

可惜，事情并没有按照她预想的方向发展。2019 年冬训结束后，教练给全队放了一周假，让队员回家过年。可谁也没想到，一次再正常不过的假期，让宗丹提前结束了她的链球生涯。

2020 年春节，新冠疫情来势汹汹，为了减少病毒流动，学校通知学生不得返校，严禁位置移动。当时宗丹正处于职业生涯的上升期，个人成绩已经非常接近奥运会及格线。参加奥运会是每一位链球运动员梦寐以求的事，宗丹距离奥运会已经近在咫尺，自然不甘心就此放弃。

不能返校参与集训，宗丹就想尽办法自己在家训练。宗丹的家乡在青岛，靠近大海，每天早上她都在妈妈的陪伴下沿着海边晨跑，生怕丢失了比赛的状态。家里没有链球，宗丹就在网上买了一些实心球，用网兜兜起来，模拟链球的投掷手感，朝着大海扔过去。

谁都没能想到，这次疫情竟如此严重，宗丹在家一待就是将近一年的时间。当时她已经面临着毕业季，只好一边找工作、一边在家坚持训练。

凭借自己优异的竞赛成绩，宗丹顺利进入首都体育学院田径教研室工作。尽管心有不甘，但也不得不面对现实就此退役，直至今日仍在她心中留有遗憾。

转型做教师，踏上新征程

成为大学体育教师后，宗丹将生活的重心转到工作上，期望在工作岗位上也能像她的运动生涯一样出色。新教师第一年是不能直接给学生上课的，需要先跟着教学经验丰富的老教师学习一年的时间。这段时间里，宗丹踏踏实实地在场边记录前辈的授课方法，充实自己的教学技能，为之后的教学打好基础。

整整一年的沉淀以及大学阶段扎实的理论基础，让宗丹很快就适应了从运动员到教师的身份转变。多年的运动员经历使宗丹对于体育运动有着深刻的理解，在教学上也是得心应手。宗丹负责的是标枪和铅球项目教学，课堂上她耐心为学生拆解技术动作，用通俗易懂的方式传授给学生，宗丹标准的动作示范经常在课堂上赢得学生阵阵喝彩。

宗丹常常对学生讲："竞技体育没有捷径，你只有一遍又一遍地苦练，才能掌握动作要领，转化为自己的技能。作为体育教育和运动训练专业的学生，你们不只要自己学会，并且还要具备教会别人的能力，这样你们才能在社会上立足。"

对于未来，宗丹目标明确。她说："作为一名老师，我的责任和使命就是教书育人，在以后的日子里，我会像曾经对待链球一样对待我的职业，将自己的经验和知识传授给学生，培养出更多体育人才。"

体育的核心就是坚持不懈，面对挫折，每一名运动员都不会轻易放弃，他们会直面挑战，克服困难，时刻保持积极的心态，并且愿意为实现目标而付出艰辛的努力，这也许就是体育人独有的魅力。

（本文由学生记者屠振如采写整理）

罗丹芳珺 / 一切苦难终会开出灿烂的花朵

2018 年罗丹芳珺参加湖北体操60 周年暨仙桃体操之夜颁奖晚会

只有熬过严寒的冬天，才可以迎接希望的春天，四季如此，人亦如此。

——罗丹芳珺

罗丹芳珺，1996 年 7 月 9 日出生于湖北省武汉市，中国女子体操运动员，现任首都体育学院体育教育训练学院体操教研室讲师。

2002 年 7 月进入湖北省体操运动管理中心进行训练，多次代表湖北省队参与国内各大体操赛事。2010 年进入国家体操队进行训练，2014 年 9 月至 2021 年 6 月本科与硕士就读于武汉体育学院运动训练专业，2021 年 9 月就职于首都体育学院体育教育训练学院体操教研室。个人成绩：2006 年 8 月获得湖北省第十二届运动会体操比赛团体第二名；2007 年 7 月获得“李宁杯”全国少年体操比赛跳马第三名、团体第三名；2009 年 7 月获全国青年体操锦标赛女子乙组团体第一名；2010 年 9 月获全国青年体操锦标赛女子团体第一名。2011 年 6 月获得第七届城运会体操预选赛暨 2011 年全国青年体操锦标赛女子团体第三名；2013 年 10 月获得第十二届全运会女子团体第七名。

初次见面

推开门，明亮的办公室里，我看到一位扎着马尾辫的年轻女孩，背对着我，坐在我的正前方，我犹豫地向前走了几步，在距她不远处，我开口问道，“您好，请问，是罗老师吗？”女孩听到后缓缓抬起了头，将目光从电脑屏幕转向我，“你好，我是。”“我是学生记者小王，您现在方便接受采访吗？想通过您的成长经历和故事激励在校学生刻苦训练，取得像您一样的成绩！”“好的，很高兴和大家分享我的故事！”

第一次和罗老师见面的学校体操馆（左图是高低杠练习区，上图左右两张是贴在墙面上的立志语）

砥砺前行

跟随罗老师的回忆，我们共同探索了一名优秀体操运动员的成长史。

2013 年秋季，罗丹芳珺所在的体操队姑娘们都全身心地投入备战全运会的训练中。在比赛快开始的前两天，一次自由体操项目的训练中，罗丹芳珺在落地过程中不慎扭伤了左脚脚踝，剧烈的疼痛使她无法正常训练，可是比赛在即，为了不让大家的辛苦白费，也为了自己的付出能够有所收获，她在第二天选择强忍着疼痛继续训练。

然而一切并不顺利，由于带伤训练，肿胀的左脚使她在训练中左右脚受力不均，在一次做支撑的时候脚踝外翻，她再一次受到了创伤，然而她依旧不肯放弃，跌倒了就爬起来，再跌倒就再爬起来，这样反反复复使得她伤情不断加重，肿胀愈加严重。但她很明白，这是她人生中的最后一届全运会。教练说：“今天养伤，调整一天。”可这个看似柔弱的姑娘却有着远超常人的倔强，她只是摆了摆头，目光坚定地看着教练说道：“相信我，我可以的！”

尽管打封闭针对于运动员以后的运动

2013 年在备战全运会的训练中，罗丹芳珺的左脚踝反复受到创伤，次日跛脚随队前往全运会

生涯有一定的影响，但为了不辜负大家的期盼、团队的荣誉和自己多年的努力，罗丹芳珺没有放弃。她忍着疼痛选择打封闭带伤比赛。

就像罗丹芳珺所坚信的那样，一切苦难终会开出灿烂的花朵，那场比赛的结果没有辜负这位坚强的姑娘，她在比赛中凭借着超常的发挥和出色的技巧赢得了在场所有人的认可，最终取得了出色的成绩。罗丹芳珺笑着回忆当时的情景，“镜头对着我，我没有多想只管全力以赴，电视机前大家也都看着呢！当时看到成绩后我感觉一切付出都是值得的！”随后她又说道：“所以即使当下再苦再累，每当回想起那段经历，就觉得不算什么了，而那也算是我职业生涯的低谷，但坚持下来以后，就觉得一切都是值得的。”

2011 年罗丹芳珺在城运会中进行平衡木比赛

选择和坚持

再次和罗老师见面是在一个月后，一进办公室，她正在和一位同事交流着体操教学的经验，为了不打扰他们的思路，我默默地打量起了办公室柜子上的各种奖杯。“快来这边坐！”

清脆的声音传来，我转过头去，罗老师已经坐好，她热情地向我招了招手，我坐到她身旁，开口道：“上次和您聊到您在运动员生涯中备战大赛的经历，这次我们能聊聊您是如何与体操结缘的，还有在步入高校后由学生蜕变为老师的故事吧。”罗老师跟我讲起了她的成长经历。

“母亲在我年幼时就教导我说，女孩子也要有一技之长！所以在幼时兴趣比较广泛，如跳舞、画画和钢琴等。即便兴趣班很多很忙，也使我没有时间像其他小朋友们那样嬉笑玩闹，但当坐在自行车后座凝望着那不管风霜雨雪都会接送自己去培训班的背影时，我就暗暗下决定，一定要让父母的辛勤付出得到回报！但现实不是童话故事，没有人生来就是主角。开始我练习的是中国式舞蹈群舞，舞台上中间的位置往往是留给最瞩目、最能把控全场的学员，每一位学员都向往着这个位置，我也不例外，但是教练却说‘这孩子身板长不高，不是练这块的料’。这让我很受打击。学习钢琴时，

2007 年罗丹芳珺在湖北省武汉市崇仁路体育馆进行高低杠训练

老师说我手指不够修长，跨键不方便，没有这方面的天赋，使我不得不放弃了音乐梦。但是我坚信天无绝人之路，练习舞蹈的过程让我的身体在柔韧性方面有着更扎实的基础，再加上我骨架娇小，身姿轻盈，被一位体操教练看中，从此便与体操结缘。”

说到这里，我问罗老师：“那您这 10 多年的训练中，平均每年休息几天？”罗老师说：“除去除夕夜训练完晚上回家吃年夜饭，年初一休息一天，年初二休息半天，满打满算一整年 365 天就休息一天半出头。因为体操这个项目稍微一休整或是缺勤，运动员的竞技状态就会受影响。”

听到这里我忍不住问道：“可那时还年少的您，是怎么坚持下来的啊？”罗老师想也没想地说道：“因为热爱呀。”

随后罗老师又说道：“但仅仅因为热爱是不够的，这和我的父母以及教练的鼓励也是分不开的。训练过程是乏味的，长期高强度训练导致伤病的出现也在所难免。从 2013 年开始，因为女生身体发育，体重骤增，我的两只脚腕开始频繁受伤，也因为伤病的困扰，从小倔强的我也甚至产生过退役的念头，是父母和从小带我的教练给予我鼓励，给了我重新出发的勇气。我印象最深的是教练的一句话‘一江水都喝了，最后一口水，无论多苦，你都给我咬牙咽下去！’在坚毅的肯定和陪伴下我积极配合治疗，恢复训练，日复一日、一遍又一遍地练习着成套动作，砥砺前行着。”

当聊到为何选择老师这条路时，罗老师眼神中闪过一丝坚定，她说：“一开始挺迷茫的，因为运动员的路子都很窄，不是做教练，就是当老师。当时也想过毕业后出国留学，但是心

2019 年武汉军运会体操竞赛委员会竞赛组织处专家团队（左一为罗丹芳珺，中间是她的导师魏教授）

里始终放不下体操，那是我的童年、少年，也是我为之奋斗努力的人生。我觉得我虽然退役了，但是我离不开体操，它已经融入在我的心里、身体里，是我一生追求的目标。最后我决定要成为一名大学教师，要把体操带到一个更大的舞台，让更多人认识、关注并学习体操，让中国体操事业得到更多的传承，所以我选择了考研。最终我成为了一名大学老师，把体操精神继续传承下去。”

最后罗老师告诉我：“我一直认为不是我选择了体操，而是体操成就了我。虽然我的天赋在体操运动员中不是最突出的，训练的路上充满了艰苦，这一路上有很多人劝我放弃，但我永远记得最初接触体操时的那份激动和热爱，记得站在领奖台上的那份骄傲与感动，记得体操教会我的坚韧与顽强，这使我一路披荆斩棘，克服了种种困难，最终实现了一个孩童向专业运动员、再向人民教师的蜕变。”

榜样的力量

在体操运动员中，有一个不得不提的神话人物，那就是丘索维金娜，大家亲切地称她为“丘妈”。她从 1992 年巴塞罗那奥运会到 2020 年东京奥运会，整整参加了 8 届奥运会。我向罗老师提到她，罗老师说道：“每次只要有‘丘妈’参加比赛，我周边的朋友圈就完全是沸腾了的状态，包括我小时候刚开始了解体操那会儿，也就是悉尼和雅典奥运会，只要

2023 年 9 月罗丹芳珺在首都体育学院体操馆进行授课（右下）

是‘丘妈’的比赛，我和我的母亲都会坐在电视机前认真欣赏和学习。而她不论是从竞技能力、职业精神还是作为母亲的角色上来说，都是我们学习的榜样！‘丘妈’的精神也一直如标杆一样为我指引方向”。

跟罗老师交流的过程中还聊到了论文。她在自己硕士论文中曾写到，“平衡木作为中国体操的优势项目，可以作为突破口”。罗老师向我说明，这项研究更多的是基于体操规则的变动对一些动作的创新编排。体操这个项目不像很多拥有国际性职业赛事的体育项目，例如篮球、足球等，这些项目在不同国家有着不同的联赛、不同的俱乐部，而体操作为一个奥运会项目，它的规则周期和奥运会的周期是一样的，每 4 年都会有较大的改变，因此，体操运动员每一次大赛的动作编排都要受规则的改变而改变，包括裁判的判罚和评分尺度对其的影响，而这也会成为每次奥运会体操项目的重要看点，也使一个相对没有那么热门的项目因为不断地创新而得到更多的关注。

（本文由学生记者王鲁豪采写整理）

吉林体育教师
光荣
李鹏